Schwester Teresa Zukic
Eva-Maria Popp

Glück und Segen

für ein ganzes Jahr

Schwester Teresa Zukic
Eva-Maria Popp

Glück und Segen

für ein ganzes Jahr

Impulse, die von Herzen kommen

FREIBURG · BASEL · WIEN

© Verlag Herder GmbH, Freiburg im Breisgau 2024
Alle Rechte vorbehalten
www.herder.de

Umschlaggestaltung: Sabine Hanel, Gestaltungssaal
Umschlagmotiv: Peter Eichler, Großenseebach
Satz: Daniel Förster, Belgern
Gemälde und Rezeptfotos im Innenteil: Teresa Zukic
Herstellung: PNB Print Ltd
Printed in Latvia

ISBN Print 978-3-451-60141-5

Inhalt

Einleitung ... 7
Vom Glück eines sinnerfüllten Lebens ... 7
Segen für ein ganzes Jahr ... 10

Januar ... 13
Viel Glück im neuen Jahr ... 14
Ein beherzter Start ins neue Jahr ... 21

Februar ... 27
Glücklich mit der Glücksklee-Strategie ... 28
Herzensmenschen beglücken ... 33

März ... 39
Frühlingserwachen ... 40
Auf den Grund des Herzens schauen ... 46

April ... 53
Wachstum mit Liebe ... 54
Eine herzzerreißende Liebe ... 59

Mai ... 67
Liebe zur Natur, Liebe und Natur, Liebe und Glück ... 68
Das Herz einer Mutter ist unersetzlich ... 74

Juni — 83
Der Monat der Frauen und des Lichts — 84
Ausgegossen in unsere Herzen — 88

Juli — 95
Ferienzeit — 96
Herzerfrischende Stunden für die Seele — 102

August — 109
Sonne – Wärme – Glück — 110
Wovon das Herz voll ist, geht der Mund über — 115

September — 123
Wer pilgert, erkennt seinen Weg — 124
Mit Beherztheit starten — 128

Oktober — 135
Farben sammeln für den Winter — 136
Mit Herzenslust genießen — 141

November — 147
Die Natur stirbt – alles ist still — 148
Sehnsuchtsvolle Herzen — 154

Dezember — 161
Geschenke für dich und mich — 162
Mitten ins Herz getroffen — 167

Über die Autorinnen — 175

Einleitung

Vom Glück eines sinnerfüllten Lebens

von Eva-Maria Popp

Das liebe Glück! Von uns allen wird es erwünscht, erwartet, ersehnt, beschworen, in Sprichwörtern benutzt, zu wichtigen Festtagen in blumigen Worten verschenkt, es ist immer präsent, in Büchern, Glückwunschkarten, Sinnsprüchen, persönlichen Widmungen, in unseren Wünschen, Träumen, heimlichen Sehnsüchten – in Schlagern, Opern und Operetten wird es besungen, in Gedichten auf edles Büttenpapier gebannt – und doch ist es so flüchtig.

Wie sieht es aus, dieses Glück?
Wie fühlt es sich an, glücklich zu sein?
Wie wird man glücklich?
Wie ist man glücklich?

Es ist sogar die Frage zulässig, ob es dieses Glück, von dem die ganze Welt spricht und singt, überhaupt gibt. Vielleicht ist es wie eine Fata Morgana, die unsere Sinne täuscht.

Ich erinnere mich an Situationen in meinem Leben, in denen ich glücklich hätte sein sollen, es aber nicht war. Ein Beispiel ist der Schulabschluss. Viele Jahre habe ich mich durch die Schule gekämpft, ich war alles andere als eine gute Schülerin. Das Lernen im vorgegebenen Rhythmus des Schulalltags war mir ein Graus, ich habe es gehasst. Und doch bin ich, wie viele andere auch, jeden Tag zur Schule geradelt und habe meine Stunden abgesessen, gelernt, gebüffelt und es letztendlich geschafft. Vor allem, als es dem Ende der Schulzeit zuging, wurde der Druck immer größer und ich habe mich nach den Tagen und Wochen danach gesehnt. Endlich frei sein! Endlich nicht mehr lernen müssen! Endlich das Leben genießen! Endlich glücklich sein! Davon träumen wir, wenn wir mitten in den großen und kleinen Herausforderungen des Lebens stecken. Wenn es doch endlich vorbei wäre. Da ist er endlich – der letzte Schultag, Abschlussfeier wow! Aufatmen und dann – stellt sich oftmals eine große Leere ein und damit eine riesige Enttäuschung. Wir werden unruhig und unzufrieden. Das Leben geht weiter seinen Gang und die erwarteten Hochgefühle, die Gold-Marie, die uns mit seelischen Golddukaten überschütten wollte, verwandelt sich urplötzlich und aus unerklärlichen Gründen in eine Pech-Marie, die mit großer Inbrunst einen Eimer schwarzer Brühe nach dem anderen über unsere Seele ergießt. Wie kann das sein? So schade!

Dieses Beispiel aus meiner Jugend ist nur eines von vielen. Ich könnte noch zahllose andere nennen, aus meinem eigenen Leben aber auch aus den Erzählungen und Klagen von Menschen, die mir ihr Herz und ihre Seele ausgeschüttet haben. Irgendwann hat diese unsägliche Pech-Marie den Bogen überspannt und hat sich meinen Zorn zugezogen. Ich habe sie eine blöde Kuh genannt und beschlossen, ihr den Kampf anzusagen. Um diesen Kampf zu gewinnen, braucht man Psychomuckis, eine robuste seelische Befindlichkeit. Doch wie bekommt man diese?

Das ist nicht anders als mit dem Körper. Muskelaufbau ist das Ergebnis von Fleiß, Disziplin, Wiederholungen und vor allem von vielen kleinen Schritten, die sich im Laufe der Zeit aneinanderreihen und Größe und Stärke ergeben.

Um es vorwegzunehmen: Ich habe den Kampf gewonnen und nenne es im Nachhinein Spiel. Das klingt leichter. Kämpfen macht müde und raubt das Glück. Spielen belebt die Sinne. Wenn wir spielen, dann sind wir hellwach und aufmerksam, vor allem zufrieden. Das können wir an unseren Kindern beobachten.

Wie habe ich nun persönlich meine Kurve in Richtung Spiel und Leichtigkeit bekommen? Ich habe mich auf meine Sinne besonnen. Wer seine Sinne benutzt, hat ein sinnvolles Leben. Wer ein sinnerfülltes Leben führt, ist zufrieden mit sich und der Welt. Das ist die Basis für ein glückliches Leben.

Ein Exkurs über die Sinne

Wann benutzen wir unsere Sinne? Wie viele Sinne haben wir? Was hat es mit den Sinnen auf sich? Wortwörtlich werden Sie in diesem Exkurs viele Antworten bekommen. Somit steht einem sinnvollen und in der Folge glücklichen Leben nichts mehr im Wege:

Wie viele Sinne haben wir? Bei zahlreichen Vorträgen stelle ich diese Frage immer wieder und bekomme zur Antwort: fünf Sinne, sechs Sinne, sieben Sinne – was nun? Wie viele Sinne gibt es wirklich?

Die salomonische Antwort lautet: Alle diese Antworten sind richtig. Es gibt Menschen, die mit ihren fünf Basissinnen ausgestattet sind, und andere, die tatsächlich über den sechsten oder sogar siebten Sinn verfügen. Wir nennen das oftmals Bauchgefühl oder auch Intuition. Wenn ich meine fünf Sinne beieinanderhabe und gut einsetze, ist es leicht möglich, dass sich daraus der sechste und der siebte Sinn entwickeln. Dieser Umstand erleichtert uns so manche Entscheidung und gibt Sicherheit. Die fünf Basissinne sind der Sehsinn, der akustische Sinn, der Tastsinn, der Geruchssinn und der Geschmackssinn.

Erinnern Sie sich an meine Aussage vom Muskelaufbau der Psychomuckis? Jetzt können Sie mit Ihrem täglichen Sinnestraining beginnen. Für jeden Monat zeige ich Ihnen, wie Sie ihre Sinne im Einklang mit der Natur trainieren können. Fünf Minuten am Tag genügen. Sie werden so viel mehr wahrnehmen können. Zufriedenheit wird sich einstellen – Sie werden Frieden finden – so ein Glück.

Glücklich ist, wer sich traut glücklich zu sein.

Segen für ein ganzes Jahr

von Schwester Teresa Zukic

Es gibt unterschiedliche Arten von Segen: Gottes Segen, Primizsegen, Reisesegen, Ehesegen, Kindersegen, Taufsegen, Priestersegen, Morgen- oder Abendsegen. Tischsegen.

Segensworte, Segenssprüche oder Segensgebete.

Was bedeutet Segen oder segnen?

Einfach erklärt, ist Segen all das Gute, das Gott einem Menschen schenkt.

Das lateinische Wort »benedicere«, welches Segen bedeutet, heißt wörtlich: Gutes sagen und Gutes wünschen – oft durch ein Zeichen oder eine Berührung. Ein Segen soll der gesegneten Person Anteil an göttlicher Kraft oder Gnade schenken. Letztlich ist es immer Gott, der den Segen gibt. Viele Menschen fühlen nach einem Segen eine tiefere Verbindung zu Gott. Die Worte bewirken etwas Positives, das wir allein nicht erreichen können.

Durch seinen Segen verspricht Gott seine heilende, stärkende und ermutigende Unterstützung in allen Lebenslagen. Die Gesegneten können daraufhin selbst zu einem Segen für andere werden. Sie tun anderen einfach gut. Und sie spüren dabei selbst Lebensglück; ihr Tun scheint immer getragen zu sein oder zu gelingen.

Ich bin davon überzeugt, dass Gott, der Schöpfer, uns nicht nur erschaffen hat, sondern auch unser Leben beschützen will. Letztendlich möchte ER, dass unser Leben gelingt, und ER will uns glücklich machen. Wo Menschen einander segnen, wird Gott geehrt. Dort wird er gebeten, unser Leben mit seinem Schutz zu begleiten. Sich von Gott segnen zu lassen, kann uns und unser Leben positiv verändern. Wir rücken IHM ein Stück näher. Wir erlauben IHM, ein Auge auf uns zu werfen, und glauben Sie mir, es gibt für Gott nichts Schöneres, als wenn wir IHM erlauben, ein Teil unseres Lebens zu sein. Gott respektiert die uns geschenkte Freiheit und würde nie in unser Leben kommen, wenn wir es IHM nicht erlauben. Gott ist ein Gentleman, pflege ich zu sagen. Er will keine Sklaven. Sklaven sind entrechtete Menschen, die gegen ihren eigenen Willen bevormundet, festgehalten, entwürdigt oder ausgebeutet werden. Gott will keine unmündigen Geschöpfe, sondern er will, dass der Mensch frei ist, sich selbst für ein Leben mit IHM zu entscheiden.

Meine Vorstellung von Gott entscheidet darüber, wie ich mit IHM umgehe. Die oft festgefahrenen Bilder von Gott hindern uns oft, einen neuen, befreienden und frohmachenden Zugang zu IHM zu finden. Natürlich spielen unsere Prägungen und Erfahrungen eine große Rolle. Wenn Gott einer ist, der für mich persönlich weit weg ist, bezweifle ich, ob er mir überhaupt zuhört. Von dem kann ich keine Hilfe erwarten. Wenn ich das Bild eines strengen Vaters, eines Aufpassers oder Spielverderbers habe, versuche ich mich, sobald es geht, von IHM zu befreien. Gott bringt dann mehr Trauriges als Gutes in mein Leben, oft verbunden mit Angst und Leistungsdruck.

Wie danke ich Gott, dass ich IHM erst als 18-Jährige begegnet bin und viele Altlasten oder Vorurteile einer strengen religiösen Erziehung nicht erleben musste. Ich durfte IHN ganz anders erfahren und kennenlernen. Es war wie ein Löffel Honig, von dem man kosten durfte und der dann Stück für Stück im Alltag und den Herausforderungen des Lebens, den Prüfungen, den Höhen und Tiefen aus dem Mund herausgezogen wurde. Einmal von dieser Köstlichkeit probiert, vergisst man den einzigartigen Geschmack und die Erinnerung an diese Begegnung das ganze Leben nicht. Durch die Taufe bekam mein Leben einen solchen Segen, dass ich es nur als erfolgreich bezeichnen kann. Ich wähle bewusst dieses Wort.

Für jeden Menschen bedeutet Erfolg etwas anderes. Zum Glück. Erfolg kann das Erreichen eines selbst festgesetzten Zieles sein. Für manche ist es ein Erfolg, viel Geld zu verdienen, einen Marathon zu schaffen, eine Auszeichnung zu erhalten oder in der Zeitung zu stehen. Für mich bedeutet erfolgreich zu sein, Gottes Frieden und Segen zu spüren, jeden Tag und das 24 Stunden lang, eben in allem, was ich tue.

Gesegnet zu sein, das fühlt sich so an, als ob man alle Dinge im Übermaß besitzt. Man sagt auch: Jemand ist mit Kindern oder mit Talenten gesegnet. Und das nicht nur in den Glücksmomenten meines Lebens, sondern jeden einzelnen Tag, seit ich IHM erlaubt habe, die Nummer eins in meinem Leben zu sein. Es gibt für mich nichts Größeres, als im Frieden zu leben. Frieden zu spüren. Keine Aufregung, Ärger, Ängste oder Sorgen zu spüren, die in die Seele kriechen und sie lahmlegen können.

Ein Wort oder ein böser Blick genügt schon oft, uns aus dem Takt zu bringen, und zeigt uns, wie klein wir Menschen sind. Seinen guten Segen zu spüren, der mich beflügelt, kreativ und wild und verliebt und manchmal verrückt leben und lieben lässt. Sein Segen hilft mir, mich zu überwinden, durchzuhalten, nie aufzugeben. Er hilft, besonnen und gelassen zu bleiben.

Für mich ist Gott ein verrückt Liebender, menschenfreundlicher, zärtlicher und zugleich unberechenbarer Gott. Ein Liebhaber des Lebens, der es liebt, uns zu überraschen.

Viele kommen aus dem Urlaub und sagen, sie haben Glück mit dem Wetter gehabt. Also für mich ist das ein Segen, Gott hat dafür gesorgt. Zu diesem Gottvertrauen kam ich nicht durch meine weltlichen Erfolge, sondern gerade durch die Misserfolge, Niederlagen, durch Neid und Ablehnung oder meine Krebserkrankung, die ich erfahren durfte (musste). Sie haben mich gelehrt, dass ich nie allein war und immer wieder die Kraft aufgebracht habe, weiterzumachen und weiter zu lieben.

Deshalb ist dieser Gott für mich nie langweilig. Er ist niemals eine 0-8-15 Sache, ich behaupte sogar, dass es ganz schön aufregend ist, sich unter Seinen Segen zu stellen. ER bleibt immer souverän. Und das Wundervolle: ER verlässt uns nicht. Auch nicht in diesem neuen Jahr und so segne ich Sie alle, die Sie diese Worte lesen:

»Der Herr segne dich und behüte dich; der Herr lasse sein Angesicht leuchten über dir und sei dir gnädig; der Herr hebe sein Angesicht über dich und gebe dir Frieden« (Num 6,24-26). Seien Sie gesegnet. Jeden Tag. Jede Stunde. Jeden Moment.

Januar

Viel Glück im neuen Jahr

von Eva-Maria Popp

Das neue Jahr beginnt mit vielen Wünschen für ein glückliches neues Jahr und mit einem Gläschen Sekt. Damit es nicht bei den guten Wünschen bleibt, sondern damit sich das Glück auch wirklich einstellen kann, ist es sinnvoll, dass wir unserem Glück und unserer Zufriedenheit eine Brücke in unser Leben bauen. Dazu lohnt es sich, einen Blick hinter die geschichtlichen Kulissen des Monats Januar zu werfen. Als Startmonat stellt er die Weichen für das neue Jahr.

Was steckt hinter dem Wort Januar? Welche Bedeutung kommt ihm zu?

Benannt ist der Januar nach dem römischen Gott Janus mit den zwei Gesichtern und den zwei Blickrichtungen. Janus blickt mit dem einen Gesicht in die Vergangenheit, mit dem anderen in die Zukunft. Janus, der dem Januar seinen Namen gibt, war bei den Römern der Gott des Anfangs und des Endes. Diese Eigenschaft zeichnet auch den Monat Januar aus.

Interessant in diesem Zusammenhang ist auch die Tatsache, dass alle Monate nach römischen Göttern benannt sind. Das zeigt uns, wie sehr die Antike immer noch in unserem Leben, unserem Denken und Handeln, in unseren Gesetzen und auch in unserem christlichen Weltbild präsent ist. Es gibt so viele Beispiele dafür. Denken Sie nur an das römische Recht, nach dem auch unser Rechtssystem aufgebaut ist. In unserer christlichen Religion finden sich ebenfalls viele römische Einflüsse. Das ist kein Wunder, wenn man bedenkt, dass unsere Religion zur Zeit der Hochblüte des römischen Reiches mit Jesus seinen Anfang nahm. Es war der römische Kaiser Konstantin, der im vierten Jahrhundert die römische Religion als Staatsreligion austauschte und das Christentum zur neuen Staatsreligion erhoben hatte. Dass damals viele Symbole übernommen wurden, kann man sich gut vorstellen. Auch unser Festkalender geht oft konform mit den alten römischen, aber auch heidnisch-germanischen Ritualen. Man wollte den Menschen damit zur neuen christlichen Religion eine Brücke bauen.

Zurück zum Januar und seiner speziellen Bedeutung der Rück- und Vorschau: Unser Leben ist besonders im Januar von guten Vorsätzen geprägt. Vor allem am Jahresanfang möchten wir all das verändern, was uns im abgelaufenen Jahr gestört hat. Damit die guten Vorsätze nicht nur Makulatur bleiben, ist der Blick zurück sehr wichtig.

Dazu brauchen Sie Zeit und Muße. Nutzen Sie die hoffentlich terminfreie Zeit am Anfang des Jahres für lange Spaziergänge in der freien Natur.

Die kalte Winterluft steht für Klarheit. Sie lässt weit blicken, vor allem, wenn Sie auf einer Anhöhe oder einem Berg stehen. Das bringt einen klaren Kopf. So hilft die klare Winterluft sinnbildlich die Fehler des vergangenen Jahres nochmals zu erkennen und vor allem, die Ziele für das kommende Jahr zu sehen und zu definieren. Nur wer weiß, was er will und vor allem, was er nicht mehr will, kann zielgerichtet, selbstbestimmt und selbstbewusst handeln!

Diese Zieledefinition ist ein entscheidender Schritt, deren Bedeutung oftmals in der Hektik der Zeit übersehen wird. Sie sollten sich Langzeitziele setzen, die mindestens einen Zeitraum von fünf Jahren umfassen, mittelfristige Ziele und Kurzzeitziele. Ich persönlich bevorzuge für mich oftmals die Zieledefinition nach dem Ausschlussprinzip. Was mag ich definitiv nicht mehr? Diese Frage können wir meistens viel leichter beantworten als die Suche nach unseren Wünschen und Bedürfnissen. Natürlich sind diese sehr wichtig. Geduld, Geduld. Wir sind ja erst im Januar. Das Jahr ist noch jung und wir wollen lernen, wie wir glücklich und zufrieden leben können. Unter diesem Gesichtspunkt ist es doch legitim, dass wir erstmal mit einer leichteren Aufgabe beginnen statt gleich mit der Königsdisziplin.

Also los geht's. Sie finden am Ende dieses Januarkapitels eine leere Seite – ein unbeschriebenes Blatt, das viel Platz und Raum lässt für all Ihre Gedanken und Ihre störenden Faktoren und Lebensumstände, denen Sie in diesem Jahr den Garaus machen werden.

Schreiben Sie alles auf, was Sie loswerden wollen.

Wem oder was setze ich den Stuhl vor meine persönliche Lebenstür?

Januar

Damit meine ich neben den Lebensumständen auch Menschen,

- die mir nicht guttun,
- die mich in meiner Entfaltung zurückwerfen,
- die an mir herumnörgeln,
- die mich nicht wertschätzen,
- die mich verunsichern,
- die immer Fehler an mir suchen,
- die neidisch auf mich sind,
- die Gerüchte über mich verbreiten,
- die alles schlecht reden,
- die sich nicht mit mir freuen können oder wollen,
- die mich krank machen,
- die immer alles schwarzsehen,
- die nicht an das Gute glauben,
- die mich anschreien.

Und nun sind Sie dran, diese Liste fortzusetzen:

_____

_____

_____

_____

_____

_____

Gemeinsam werden wir in diesem Jahr lernen, wie Sie stark und selbstbewusst werden, damit diese Störenfriede aus Ihrem Leben verschwinden. Das heißt nicht zwingend, dass Sie den Kontakt zu diesen Menschen abbrechen müssen. Im Gegenteil, es heißt, dass Sie mit Ihrer neu erworbenen Stärke und Souveränität nicht mehr zulassen, dass man über Ihren Kopf hinweg bestimmt.

Ich lasse die störenden Einflüsse von Menschen in meinem Umfeld nicht mehr an mich heran!
    Sie verlieren die Macht über mich!
    Ebenso verfahren Sie mit anderen störenden Freude- und Energiekillern.

Sind Sie zufrieden und glücklich an Ihrem Arbeitsplatz? Wenn nicht, was können Sie ändern, damit die Arbeit wieder Freude bereitet? Sie sollten den Einfluss einer erfüllenden Arbeit auf die Zufriedenheit und das Lebensglück nicht vernachlässigen. Wir verbringen viele Stunden unseres Lebens am Arbeitsplatz. Es lohnt sich, diese Stunden mit Freude zu verbringen. Wenn es gar nicht mehr passt, dann sollten Sie sich auf die Suche nach einer neuen Aufgabe machen. Es gibt immer einen neuen Weg und eine gute Lösung, wenn man es wirklich will. Oftmals spielt uns natürlich die Bequemlichkeit einen Streich. Wir Menschen neigen dazu lieber zu leiden als etwas zu verändern im Leben. Warum? Weil ein Ausstieg aus einem bekannten Umfeld erst einmal mit Aufwand und Unsicherheit verbunden ist.
    Es ist Ihre Entscheidung!

Apropos – an diesem Beispiel kann ich Sie mit meinem Lieblingswort bekannt machen – ENT-SCHEIDUNG. Sich nicht zu entscheiden ist auch eine Entscheidung. Nämlich die, dass man definitiv nichts ändern will an einer unangenehmen Situation. Na klar, lieber weiter leiden, weil Leiden schließlich eine Leidenschaft ist. Wer sich nicht entscheidet, für den oder über den wird oftmals entschieden.
    Lassen Sie sich scheiden – im Sinne meiner Wortdefinition von Ent-scheidung – von Ihren störenden Lebensumständen! Erst wenn die Störenfriede Ihr Lebenssystem verlassen haben, ist Platz für die Lebensfreude und weitere stärkende Einflüsse.
    Ich hoffe, ich habe mit diesen Gedanken genügend Impulse gesetzt, die Ihre Lebensenergie in ein Schwungrad verwandelt haben, damit Sie ins Handeln und Tun kommen. Aus einem Rad, auch aus einem Hamsterrad, kann man aussteigen, wenn man kräftig genug dazu ist und wenn

man es will. Wenn man bleibt, wird es ewig so weitergehen. Da nützt alles Jammern nichts. So viel verschenkte, versenkte Lebensfreude! Wie schön hätte alles sein können? – Falsche Frage!

Stellen Sie die Frage um: Wie schön kann alles werden, wenn ich endlich anpacke? Denn jede Veränderung beginnt mit einem ersten, sehr wesentlichen Schritt – mit dem Entschluss! Auf geht's!

Natürlich weiß ich, dass es schwer ist, Veränderungen vorzunehmen. Das ist eine Kunst, die erlernt werden muss. Wir brauchen dazu Kraft und Energie und einen starken Willen zur Umsetzung.

Damit diese Energie allmählich heranwächst, beginnen wir im Folgenden mit der Schulung der Sinne, wie ich es im Eingangskapitel beschrieben habe.

Riechen

Der erste Sinn, den ich Ihnen näherbringen möchte, ist der Geruchssinn. Er prägt uns bereits ab den ersten Lebenstagen und ist deshalb unendlich wichtig für unsere Seele. Das Riechen ist ein Sinn, der sehr eng mit unserer Befindlichkeit und mit dem Erinnern verbunden ist.

Er gehört, neben der Berührung, zu den Sinnen, über die schon Neugeborene verfügen, und spielt demnach zeit unseres Lebens eine große Rolle. Im Geruchssinn sind viele Erinnerungen und Gefühle versteckt, weil gewisse Ereignisse zur Zeit des Geschehens mit den vorherrschenden Gerüchen verknüpft wurden, die damals präsent waren. Das kann das Rasierwasser des Großvaters sein, das berühmte 4711 Kölnisch-Wasser der Großmutter, der Duft nach Äpfeln, die die Wiese der Kindertage bereicherten, aber auch der Mief, den der schlagende Lehrer verströmte.

Das ist der Grund, warum uns bei manchen Gerüchen einfach nur schlecht wird, zumindest sehr »blümerant«. Andere Düfte wiederum lassen uns aufblühen und schenken uns gute Gefühle.

In der Evolution spielte der Geruchssinn ebenfalls eine große Rolle. Wie bei den Tieren noch heute war ein bestens ausgebildeter Geruchssinn unabdingbar für ein Überleben in der Wildnis. Sowohl die Nahrungssuche als auch der Schutz vor verdorbener Nahrung waren über viele Generationen an den Geruchssinn eng gekoppelt. Deshalb gibt ein ausgeprägter Geruchssinn Sicherheit und ein gutes Gefühl. Das ist einer der wesentlichen Gründe, warum es sich auf alle Fälle lohnt, den Geruchssinn jeden Tag zu schulen und sich darüber langfristig zu stärken.

Eine kleine Geruchsübung

Sie können Geruchsübungen ganz leicht in den Alltag einbauen, indem Sie sich Düfte aussuchen, die Sie gerne riechen. Das kann der Kaffeeduft aus der Kaffeedose sein oder auch das Zimtpulver, das Sie zum Kochen benötigen. Nehmen Sie sich eine Minute Auszeit aus dem Alltag und schließen Sie Ihre Augen. Dann nehmen Sie eine volle Prise Ihres Lieblingsdufts und schnüffeln sich satt! So wird aus dem Kaffeekochen eine kleine, feine Wellnesseinheit für die Sinne.

Ich selbst habe noch eine andere Übung für mich entdeckt, die mir große Freude bereitet und meinen Geruchssinn schärft, aber auch eine gute Schulung für den sechsten und siebten Sinn darstellt: Ich gehe jeden Abend vor dem Zubettgehen vor die Tür und rieche die Luft. Das ist einerseits ein sehr meditativer Vorgang, der dafür sorgt, dass ich vor dem Einschlafen zur Ruhe komme, andererseits gibt mir diese Übung eine enge Anbindung an den Jahreszeitenzyklus. Die Luft im Januar riecht anders als in einer lauen Sommernacht.

In früheren Zeiten, als die Menschen noch sehr eng mit der Natur verbunden waren, war es überlebensnotwendig, zu wissen, in welcher Jahreszeit man sich gerade befindet. Die Lebensqualität, aber auch die Aufgaben waren sehr abhängig von der jeweiligen Jahreszeit. Es machte einen sehr großen Unterschied, ob man sich im Frühjahr, im Sommer, im Herbst oder im Winter befunden hatte. Heute sind alle Jahreszeiten, aber auch Tages- und Nachtzeiten gleich. Es ist immer warm, weil sofort die Heizung in unseren Räumen anspringt, wenn es ein bisschen kalt wird – es brennt immer das Licht, zu jeder Tages- und Nachtzeit und wir sind immer von einem gewissen Lärmpegel umgeben.

Dadurch verliert unser Unterbewusstsein das Wissen über den aktuellen Stand der Jahreszeiten. Dieses Wissen ist jedoch aus der Evolution für uns Menschen sehr eng mit dem Gefühl der Sicherheit verbunden.

Wer seinen Geruchssinn regelmäßig aktiv schult, unterstützt die Ausbildung seines sechsten und siebten Sinnes und erhält ein Gefühl der Grundsicherheit, was das Leben in vielen Bereichen, vor allem im zwischenmenschlichen Bereich, lebenswert und angenehm macht. Sie stärken damit vor allem Ihr Selbstbewusstsein und Ihre innere Kraft.

Jetzt haben Sie den Mut, Ihre Ziele in eine Entscheidung zu fassen und den ersten Schritt in die Umsetzung zu gehen.

Viel Erfolg!

Einem neuen Jahr voller Glück und Zufriedenheit steht nichts mehr im Weg!

Gehörst du noch zu den Suchenden, die auf der Jagd nach dem Haar in der Suppe sind, oder gehörst du schon zur Gattung der glücklichen Menschen?

Ein beherzter Start ins neue Jahr

von Schwester Teresa Zukic

Die ersten Momente eines neuen Jahres sind wie die ersten Worte eines Buches. Eine weiße, leere Seite sieht so friedlich aus und es fühlt sich an, als tritt man gleich einen Weg in frischen Schnee. Schon die ersten Schritte, die wir wagen, hinterlassen Fußspuren. Ist schon wieder ein Jahr unseres Lebens vergangen?

Wie haben Sie den letzten Tag des Jahres verbracht? Vielleicht haben Sie einen Jahresschlussgottesdienst besucht und dann mit Freunden oder Familie hineingefeiert. Vielleicht haben Sie sich »Prosit Neujahr« gewünscht, sich umarmt, geküsst und dabei ein Feuerwerk beobachtet. Oder Sie waren im Skiurlaub und haben kräftig gefeiert, oder allein und in der Stille das neue Jahr willkommen geheißen und im Fernsehen am Brandenburger Tor die letzten Sekunden vorbeiziehen lassen.

Nun ist es so weit. Ein neues Jahr beginnt.

Wir feiern immer mit Freunden und begehen die letzten Minuten des alten Jahres und die ersten Minuten des neuen Jahres mit Lobpreis. Wir preisen Gott und stellen unser Leben unter seinen Segen. Wir tun dies unter anderem mit Musik und Gesang.

Kurz vor Mitternacht erinnern wir uns gegenseitig an die schönsten Momente, die Highlights des vergangenen Jahres oder an die schweren Stunden, die wir durchlitten und überstanden haben. Wir spüren Gefühle der Dankbarkeit. Und jeder bewertet für sich, ob es ein anstrengendes, intensives, glückliches, herausforderndes, trauriges oder gesegnetes Jahr war.

Ich koche meistens an Silvester groß auf. Mittlerweile ist es schon Kult, dass ich an Weihnachten von meiner Gemeinschaft einen Gutschein erhalte, am letzten Tag des Jahres ein mehrgängiges Menü kochen zu dürfen. Sonst hatte ich keine Wünsche. Ich war das ganze Jahr unterwegs mit Vorträgen. Kochen ist eines meiner liebsten Hobbys – aber ich habe kaum Gelegenheit dazu!

Kochen macht mir unglaubliche Freude und es ist für mich kreative Entspannung, um runterzukommen und den Modus des Funktionieren-Müssens zu verlassen. Für alle Feiernden war es ein Genuss. Zu unserer Silvesterfeier waren immer erlesene Gäste eingeladen, oftmals auch neue Freunde, die ich auf meinen vielen Reisen und Begegnungen kennengelernt habe. Nach Corona und meiner überstandenen Krebserkrankung koche ich nun viel öfters. Das Kochen hat mir meine Lebensfreude zurückgebracht. Und so ist diese Tradition für mich ein Schatz, den ich sorgsam hüte. Natürlich fehlen mir die Menschen, die uns vorausgegangen sind in Gottes Herrlichkeit. Ungewollt werden meine Augen feucht und da ist er wieder: dieser Moment der Erinnerung an einzigartige und wundervolle Menschen.

Es tut gut, sich nach dem Trubel der Weihnachtstage ein paar besinnliche Momente herauszunehmen. Wir sollten uns in diesen Tagen bewusste Augenblicke und Gedanken gönnen, um an der Krippe das kleine Kind zu beobachten.

Mir tut es gut, im Gebet das neue Jahr mit Gott zu »besprechen«. IHM zu danken für alle Gnaden des letzten Jahres und IHM das neue Jahr, das vor mir liegt, zu übergeben.

Ich weiß nicht, was dieses neue Jahr bringen wird. Ich vertraue aber darauf, dass ER immer dabei sein wird, weil ich IHN jeden Tag dazu einlade. Jeden Tag bitte ich IHN um seinen Segen und jeden Tag erlaube ich IHM, in mein Leben einzugreifen, wie Er es für richtig hält.

Ich erlaube Seinem Heiligen Geist, mich zu begleiten, zu inspirieren, zu erfrischen und mich anzustupsen.

Alles war Gnade in den letzten sechzig Jahren meines Lebens. Unzählige Male schenkte er mir einen Gedanken, der hinterher *der* Gedanke war, den ich in diesem Augenblick gebraucht habe, der mich gerettet, bewahrt, weitergetragen hat.

Wir alle sind nicht nur »ein genialer Gedanke« aus Gottes Herzen, wie es so schön in einem Geburtstagslied heißt. Gott bemächtigt sich unserer Gedanken, um uns nahe zu sein.

Unser guter Gott schenke uns aus Seiner unermesslichen Liebe Seine Gedanken der Freude, der Begeisterung, der Demut, des Trostes, der Weisheit, des Mutes und der Klarheit. ER gebe uns Zuversicht, dass wir auch dieses Jahr unter seinem Segen, seinem Schutz und seiner Begleitung stehen dürfen. Gute, heilsame, liebenswerte und positive Gedanken mögen uns täglich tragen und weitertragen.

Natürlich wünschen wir uns für unser Leben, unser Land, unsere Welt, dass in diesem Jahr mit einem Schlag alles besser und neu wird. Dass die bitteren Kriege endlich ein Ende finden. Dass alle von ihren schlechten Gewohnheiten loskommen und wir das Leid und allen Ärger hinter uns lassen können. Dass wir mit diesem Januar alle von vorne beginnen können.

Doch wir können die Vergangenheit nicht einfach so abstreifen. Viele Sorgen und Probleme, die uns und die Welt plagen, nehmen wir mit ins neue Jahr. Gerade deshalb bitte ich Gott zum Start des neuen Jahres, dass ER uns die Energie gibt, das zu verändern, was möglich ist, und dass er uns Kraft gibt, das zu ertragen, was sich nicht verändern lässt.

Mich tröstet der Gedanke, dass Gott unbegreiflich groß ist. Für IHN sind tausend Jahre wie ein Tag. Das Universum ist unvorstellbar groß. Aber Gott hat sogar die »Haare auf unserem Kopf gezählt«. Wer während einer Krebserkrankung durch die Chemo schon mal alle seine Haare verloren hat, weiß, wie kostbar jedes einzelne Haar ist. Aber Gott kann sie nicht nur zählen, er bemerkt sogar, wenn eines auf die Erde fällt. Das Fallen eines einzigen Haares kann er vernehmen.

Gott kennt die Wünsche aller seiner Kinder, eines jeden Menschen, und wir können nur staunen: Denn Gott überhört keine Bitte und Er achtet auf alle unsere Gebete. Ich kann nicht begreifen, wie viel Platz in Seinem Herzen für alle unsere Anliegen ist. Jeder Mensch ist IHM wichtig. Ich bin IHM wichtig. ER vergisst nicht, was wir uns wünschen. ER schenkt uns aber zuerst das, was wir wirklich brauchen. Eines Tages werden wir es wissen, wenn wir bei IHM sein werden, wovor Er uns bewahrt hat und welchen Sinn jede Träne, jeder Kummer, jede Herausforderung und jedes Leid hatten. Darauf freue ich mich jetzt schon.

Neigen Sie dazu, mit Vorsätzen in das neue Jahr zu starten? Wenn Sie das tun, dann wünsche ich Ihnen eine große Portion Mitgefühl und Güte für sich selbst.

Man sollte sich lieber weniger vornehmen, aber das bewusster und nachhaltiger. Mit jedem Jahr, in dem wir älter werden, steigt der Wunsch nach mehr Pausen, nach mehr Zeit für die eigene Gesundheit und danach, unsere Seele zu finden. Und wissen Sie was? Das ist gut so. Tun Sie alles, was Ihnen guttut. Sie wissen selbst, ob Sie mehr Bewegung brauchen, Abstand von energiefressenden Menschen suchen möchten oder ob Ihre Vorsätze realistisch genug sind, dass Sie sie anpacken und durchhalten.

Der Januar ist der Monat des Neubeginns, des Starts. Ich freue mich besonders auf das Hochfest der Heiligen Drei Könige, das auch Epiphanie oder Erscheinung des Herrn genannt wird.

Auf Wunsch kommen dann die Sternsinger ins Haus, singen oder sprechen den Segen und schreiben ihn an die Tür. Jetzt kann es losgehen.

Und ich freue mich auf das Fest der Taufe Jesu. An ihm kann ich mich bewusst an meine eigene Taufe erinnern und mir vor Augen führen, dass ich ein Christkind bin und wir immer noch in einem christlichen Land leben. Wenn ich mich beim Betreten oder Verlassen einer Kirche mit dem Weihwasser bekreuzige, ist das für mich jedes Mal ein bewusstes »JA« zu der atemberaubenden Liebe, die an Weihnachten Mensch geworden ist, Jesus Christus, dem ich mit größter Freude diene.

Sie können sich das geweihte Wasser in einem Gefäß oder Fläschchen mit nach Hause nehmen. Nach dem Frühjahrsputz und Aufräumen kann man auch mit einem persönlichen Gebet die Räume, in denen täglich unser Leben stattfindet, segnen und mit Weihwasser besprengen oder man kann sich gegenseitig auf die Stirn bekreuzigen. Jeder getaufte Christ und jede getaufte Christin kann das. Dann geht es in unserer Familie vielleicht wieder herzlicher zu. Vor wichtigen Gesprächen, Telefonaten oder Fahrten bekreuzige ich mich auch selbst gerne.

In diesem Jahreskalender stellen wir das Herz in den Mittelpunkt. Sehnen wir uns nicht alle nach mehr Herzlichkeit? Starten wir beherzt und mit Zuversicht in das neue Jahr!

Schenke uns, Gott,
ein großes, ein weites,
ein verstehendes und
warmherziges Herz.

Bewahre uns vor
engherzigen Gedanken und
herzlosen Menschen.

Schenke uns herzensgute
Begegnungen und einen
herzlichen Umgang miteinander,
der allen guttut.

Gib uns eine große
Herzensfreude in diesem Jahr.
Lass uns mit Dir
ein Herz und eine Seele sein.

Lass uns viel und herzlich
lachen und herzallerliebste
Freuden erleben.

Lege uns Deinen Segen
in unser Herz und mach
jeden von uns zu Deiner
Herzangelegenheit.

Teresas Januar-Rezept

Microgreens: Superfood von der Fensterbank

Microgreens sind gekeimte Pflanzen. Ihre Konzentration an Vitalstoffen ist um ein Vielfaches höher als in der gleichen Menge der ausgewachsenen Pflanze. Sie sind reich an Vitaminen, Mineralien, Antioxidanten und sekundären Pflanzenstoffen. Man kann sie im Glas oder auf fertigen Zucht-Patties züchten. Ob auf einem Frischkäsebrot, über Suppen oder im Jogurt – mit einer Handvoll Microgreens lässt sich vieles gesund aufpeppen.

Microgreens-Sorbet

ZUTATEN

- 2 Äpfel, ca. 400 g, geschält
- 2 handvoll Radieschen-Microgreens,
- 1 Stück frischer Ingwer, fein gerieben
- 1 TL Ahornsirup
- 1 EL Zitronensaft, 1 Prise Vanille
- fein abgeriebene Schale einer 1 Bio-Limette
- frisch gemahlener Pfeffer
- 1 Prise Liebe

Zubereitung

Äpfel waschen und vierteln. Mit Zitronensaft vermischen, auf einem Teller verteilen und 20 min tiefkühlen. Herausnehmen und mit einem Stabmixer mit Ahornsirup, Ingwer und Limettenschale verrühren, bis eine cremige Konsistenz entsteht. Microgreens und Vanille hinzufügen und noch einmal gut vermischen. Alles schnell mixen damit das Sorbet fest genug bleibt, um es formen zu können. In Glas portionieren und mit Microgreens dekorieren. Himmlisch.

Salat mit Microgreens

ZUTATEN

- Verschiedene Microgreens und Sprossen
- 2 EL Weißwein oder Walnussessig
- 1 TL Dijonsenf
- 6 EL Olivenöl oder Sonnenblumenöl
- Salz, Pfeffer, evtl. etwas Wasser
- 1 TL Agavendicksaft
- 1 Prise Liebe

Zubereitung

Eine kräftige Prise Salz mit Pfeffer und Weißweinessig mischen, bis sich das Salz aufgelöst hat. Dann den Senf und Agavendicksaft zugeben und nach und nach das Öl untermixen. Vorsichtig über den Salat gießen und untermengen.

Platz für eigene Gedanken

Februar

Glücklich mit der Glücksklee-Strategie

von Eva-Maria Popp

Die ersten Sonnenstrahlen kitzeln in der Nase – so ein Glück! Der Februar ist einer meiner Lieblingsmonate. Was, habe ich das jetzt wirklich geschrieben? Ich kann es selbst kaum glauben. Ich, ein Kinder des Sommers und der Sonne! Die Sonnenanbeterin, die sich bei Wärme und Sommer so richtig wohlfühlt. Deshalb muss ich selbst kurz nachdenken, warum mir diese Hymne an den Februar gerade aus der Feder geflossen ist – ohne viel nachzudenken.

Ja, ich weiß: weil wir am zweiten Februar das Fest Mariä Lichtmess feiern. Das ist ein ganz besonderer Tag für mich. An Mariä Lichtmess beginnt in meiner Heimat Bayern das Bauernjahr. Und das ist eng mit der Tatsache verbunden, dass die Tage ab diesem Zeitpunkt deutlich und spürbar länger werden. Ein Segen für uns alle, die wir für unsere Seele und unser Fühlen und Handeln das Licht brauchen.

Wenn an Mariä Lichtmess der Himmel frei ist, dann kann man schon an der Farbe des Himmels und an der Strahlkraft der Sonne erkennen, dass sich das Grau des Winters allmählich verabschiedet. Das gibt mir eine unglaubliche Hoffnung. Das Eis ist gebrochen! Das meine ich nicht nur wörtlich, was die Kälte in der Natur und der Landschaft anbelangt. Nein, diese Redewendung können Sie im Februar getrost auf Ihre Befindlichkeit, Ihr Fühlen, Denken und Handeln übertragen. Die schlafende Seele öffnet ihre Pforten, weil die warmen Sonnenstrahlen sie an der Nasenspitze kitzeln. Wir können diese Kitzeleinheiten auch in der Natur, zum Beispiel an den Schneeglöckchen, erkennen, die ebenfalls erwachen und in reinem Weiß aus der Erde kriechen, um Luft zu schnappen, den Duft der kühlen und reinen Winterluft zu riechen, die jedoch bereits mit ersten leichten Frühlingsdüften durchsetzt ist. Zugegeben, wir brauchen sehr viel Aufmerksamkeit und eine feine Nase, wenn wir das alles wahrnehmen wollen. Das ist mein Plan!

Sie haben im Monat Januar von der Bedeutung des Geruchssinns für unsere seelische Gesundheit gelesen und sicherlich mit der täglichen Übung des Luftriechens erste Fortschritte gemacht. Das macht sich jetzt im Februar bezahlt. Es gibt kaum eine andere Jahreszeit, in der Sie so gut an Ihrem Geruchssinn arbeiten können wie im Februar, wenn sich der aufkeimende Vorfrühling noch ganz leicht, fein und jungfräulich anfühlt.

Zurück zu Mariä Lichtmess. Schwester Teresa wird in ihren Ausführungen zum Februar die christliche Bedeutung dieses besonderen Festtages erläutern. Ich selbst gehe auf das Brauchtum ein und was es damit auf sich hat. Dieser Festtag hebt schon durch den Namen die Bedeutung des Lichtes hervor. Die Sonne wird stärker und lässt sowohl die Natur als auch unsere Lebensgeister aufkeimen. In früheren Zeiten war das der Anlass für einen ausgelassenen Feiertag mit Kirmes, Musik, Spaß und Spiel. Das Gesinde in Stadt und Land wurde an Mariä Lichtmess mit dem Lohn für das vergangene Arbeitsjahr ausbezahlt. Wer die Stellung wechseln wollte, konnte es an diesem Tag und nur an diesem Tag tun. Die Bäuerin auf dem Land oder die Hausfrau im städtischen Haushalt hat ihren Mägden und Dienstboten an Lichtmess ein kostbares Wachsstöckl geschenkt. In den größeren Orten gab es die sogenannten Wachsmärkte. Die Familien haben sich mit Kerzen und Wachswaren für das ganze kommende Jahre eingedeckt. In den Kirchen fanden die Kerzensegnungen statt. Der Mesner richtet an diesem Tag alle Kerzen her, die im kommenden Jahr in seiner Kirche gebraucht werden, und bringt sie zur Segnung. Nach einem ausgelassenen Fest hat für die Landbevölkerung und das Gesinde in der Stadt die Plackerei aufs Neue begonnen. Die Arbeit der Bauern hat nach Mariä Lichtmess Fahrt aufgenommen. Die Böden wurden für die Aussaat und das Wachsen und Gedeihen der Früchte auf den Feldern vorbereitet. An diesem besonderen Festtag Mariä Lichtmess, der im Übrigen in früheren Zeiten ein sehr wichtiger Feiertag im kirchlichen Kalender war, kann man wieder einmal deutlich erkennen, wie eng die christlichen Festtage mit dem Jahreszeitenzyklus verbunden sind.

Zurück zum Monat Februar und seiner Bedeutung. Neben dem Zuwachs an Sonnenlicht, das unsere Lebensgeister aufwachen lässt, steckt im Namen Februar auch der Begriff der Reinigung. Deshalb war der Februar in den alten vorchristlichen Zeiten durch Vorfrühlings- und Fruchtbarkeitsrituale gekennzeichnet, um die Dämonen des Winters zu vertreiben. Unter dem Einfluss der Christianisierung wurden diese ausgelassenen Feierlichkeiten, die man als Fastnacht oder in Bayern als Fasching bezeichnet, auf die Tage vor dem Aschermittwoch beschränkt. Dieser wiederum hängt eng mit dem Mondkalender zusammen und über den Beginn der Fastenzeit natürlich mit der Reinigung von Körper, Geist und Seele. Aus den Dämonen entstand der Brauch des Verkleidens. Das Tragen von Masken erlaubt seither während der tollen Tage ein

Verhalten, das man sich im gewöhnlichen Alltag nicht erlauben würde. Das hat eine positive Wirkung auf die Persönlichkeit der Menschen.

Ausgelassen sein, fröhlich sein, auch mal über die Stränge schlagen, einmal ein anderer sein dürfen … All das sind Empfehlungen, die parallel zu Lachen und Fröhlichkeit die müden Wintergedanken vertreiben.

Nach dem Aschermittwoch kommt die Zeit des Innehaltens. Gerade in diesem Spannungsfeld zwischen Ausgelassenheit und der folgenden Einkehr liegt die positive Kraft, die wir daraus beziehen.

Aus diesem Spannungsfeld werde ich Ihre persönliche Übungseinheit im Februar für Körper, Geist und Seele und das persönliche Lebensglück ableiten.

In diesem Zusammenhang möchte ich Ihnen meine Glücksklee-Strategie vorstellen: Eine Strategie ist ein genauer Plan, der dazu dient, ein Ziel zu erreichen. Das gilt auch für ein glückliches Leben. Das Glück gibt es nicht geschenkt. Es ist das Ergebnis einer geplanten und bewussten Lebensführung. Die Glücksklee-Strategie ermöglicht es, einen eigenen, individuellen Plan für ein selbstbestimmtes und glückliches Leben zu stricken. Voraussetzung dafür ist die Kenntnis der wichtigsten Einflussfaktoren.

© Eva-Maria Popp

ICH BIN GLÜCKLICH

ICH	BIN	GLÜCKLICH
Die aktive Beschäftigung mit mir selbst:	Die zentrale Frage lautet: Was will ich?	Die zentrale Frage lautet: Wie will ich in Zukunft sein?
Wer bin ich?	Notwendige Veränderungen erkennen und initiieren	Zufrieden
Selbstbestimmt		Reflektiert
Selbstbewusst	In die Aktivität kommen	Authentisch
Selbstbeschäftigung	Tun	

An dieser Glücksklee-Strategie werden wir in diesem Buch über alle Monate arbeiten. Sie haben im Januar schon einiges darüber gelesen, wie man über die Arbeit mit allen Sinnen sein Selbstbewusstsein und sein Ich stärken kann. In den nächsten Monaten werden Sie jeweils passend zur Jahreszeit viele Gedanken, Impulse und Übungen dazu bekommen.

Im Monat Februar möchte ich nochmals auf die Bedeutung des Verkleidens zurückkommen, das die ausgelassene Karnevalszeit prägt.
Ich stelle Ihnen dazu eine wichtige Impulsfrage:

Übung: Wissen Sie, wer Sie sind?

Zugegeben, das ist eine sehr philosophische Frage, die definitiv nicht mit ein paar Sätzen zu beantworten ist. Es bedarf auch keiner Antwort. Entscheidend dabei ist, dass ein Denkprozess in Schwung kommt. Mit dem Thema des Verkleidens, dem Schlüpfen in andere Rollen, nimmt die Frage nach dem eigenen Sein Fahrt auf:

- *In welches Tier würde ich mich gerne verwandeln? Warum genau dieses Tier?*
- *Wenn ich Schauspieler oder Schauspielerin wäre – was wäre meine Lieblingsrolle?*
- *König oder Königin, Prinz oder Prinzessin, Pirat oder Piratin, Verbrecher oder Verbrecherin, Kommissar oder Kommissarin? Warum genau diese Rolle?*

Auf der Impulsseite im Anschluss an dieses Kapitel haben Sie eine ganze Seite zur Verfügung, um sich mit diesen Fragen zu beschäftigen. Wenn der Denkprozess richtig in Fahrt kommt, kann es gut sein, dass eine Seite nicht genügt. Das nenne ich Erfolg. Im wahrsten Sinne des Wortes beginnt damit Ihre Persönlichkeit in Ihrem eigenen Leben Raum und Zeit einzunehmen. Wie großartig!

Sie sind auf dem besten Weg zu einem glücklichen und zufriedenen Leben.

Damit die Natur nicht zu kurz kommt: Genießen Sie die aufkeimenden Sonnenstrahlen und nutzen Sie jede freie Minute, um sie in der Natur zu verbringen. Besonders die Februarluft riecht besonders würzig. Jeder Atemzug beinhaltet einen Schuss Sonne! Kraft und Energie tanken für ausgelassene Feste und für die Innenschau. Auch dieser Prozess ist sehr kräftezehrend. Sie werden es spüren, wenn Sie damit beginnen.

Schließlich gibt es in jeder Seele tonnenweise Altlasten und Seelenmüll an das Tageslicht zu befördern. Ganz egal ob Sie eine Seelenschaufel oder einen Schaufelbagger verwenden. Das Graben und Schaufeln kostet Energie. Also auf geht's ins Sonnenbad in der freien Natur, ins Waldbad, das unsere Persönlichkeit mit der Kraft von wunderbaren Bäumen stärkt, zu einem Spaziergang an einen kleinen Nebenfluss oder an den großen Lebensadern wie Donau, Rhein und Elbe. Die Beschäftigung mit und in der Natur macht uns fit und sensibel, um das Graben und ENTLASTEN mit allen Sinnen zu gestalten, zu unterstützen und zum Erfolg zu führen.

Spazierengehen in der Natur heißt im übertragenen Sinne auch vorangehen, voranschreiten, auf das nächste Ziel zugehen, in die Zukunft gehen. Es kommt Bewegung in die Bewegung.

Viel Spaß und viel Erfolg!

Glücklich ist, wer den ersten Schritt gewagt hat.

Herzensmenschen beglücken

von Schwester Teresa Zukic

Wie schön, dass meine wunderbare Mitautorin Eva-Maria Sie in ihre Kindheit entführt und das Fest Mariä Lichtmess beschrieben hat. Vielleicht gehören Sie noch zu den Menschen, die erst an Mariä Lichtmess die Weihnachtsbäume und die Krippe wegräumen. Früher war das erst an Lichtmess üblich. Viele Jahre lang haben wir das aber auch so gemacht. Wenn der Baum noch nicht alle Nadeln verloren hatte, war es einfach nur schön, die lange Zeit an der Krippe zu verbringen.

Offiziell endet die Weihnachtszeit heute am Fest der Taufe des Herrn am Sonntag nach Dreikönig. Mariä Lichtmess wird auch das Fest der »Darstellung des Herrn« genannt. Vierzig Tage nach der Geburt ihres Sohnes vollzieht Maria die gesetzlich vorgeschriebene Reinigung im Tempel und bringt zusammen mit Josef das vorgeschriebene Opfer zur Auslösung ihres Erstgeborenen dar (Lk 2,22-40). Im Tempel begegnen sie Simeon und Hanna, die das Kind als den Messias erkennen. Simeon singt einen Lobgesang und preist das Kind als »Licht, das die Menschen erleuchtet«.

Es gibt ein Bild vom großen Meister Rembrandt, das sehr innig gemalt ist. Es zeigt, wie der alte Greis Simeon das Jesuskind und mit ihm das »das Licht der Welt« in seinen Armen hält und über ihn staunt. Das würde ich auch gerne! Jedes Baby ist ein Wunder und man kann sich nicht sattsehen an der Schönheit dieses kleinen Wesens. ER ist aber nicht irgendein Kind. Es ist das herrlichste Geschenk des Himmels für alle Menschen. Gott hatte Simeon verheißen, dass er zu seinen Lebzeiten den Messias sehen werde. Unvorstellbar, welche Freude ihn erfüllt haben muss. Welches Licht nun in die Welt gekommen ist. Ich hätte gerne Mäuschen gespielt, wie so oft in den Evangelien. Und manchmal tue ich das auch. Ich stelle mir vor, ich wäre dabei gewesen.

Besonders eindrucksvoll war das nach meinem ersten Besuch in Israel. Früher meinte ich, ich muss nicht an den Orten gewesen sein, wo Jesus über diese Erde gegangen ist. Ich kann auch so glauben. Aber dann konnte es mein Herz und meine Seele vor Freude nicht fassen, am See

Genezareth zu sitzen, am Berg der Seligpreisungen Gottesdienst zu feiern. Dort, wo Jesus die Bergpredigt verkündet hat. Diese Worte haben mir Glauben geschenkt, als ich sie in der Nacht im Sportinternat las. Aber nun selbst hier zu sein! Unglaubliche Gefühle bewegten mich. An der Klagemauer, der Auferstehungskirche, am Jordan. Ich gab zu, es hatte plötzlich eine andere Dimension. Du bist dabei und mitten im Geschehen. Herrlich. Direkt an den heiligen Orten wurde ich so oft von einer Tiefe erfüllt, die ich kaum beschreiben kann. Eine Pilgerreise bleibt für mich unvergessen: Es war, als wir wieder einmal mit unserer Gemeinde Israel besuchten. Das war im Monat Februar. Ich erinnere mich genau, weil unsere lieben Freunde Yvonne und Erich, die dabei waren, ihren Hochzeitstag um den Valentinstag hatten. Wir haben sie am frühen Morgen schon mit einem Ständchen überrascht. Es gab viele Freudentränen an diesem Tag. Nicht nur für sie, sondern auch für uns alle wurde es ein unvergesslicher Tag, eine unvergessliche Reise. Israel im Februar ist wunderbar.

Überall auf der Welt feiert man den Valentinstag am 14. Februar. Das ist keine Erfindung der Floristen, sondern seine Ursprünge liegen im Christentum. Es ist der Gedenktag des heiligen Bischof Valentin, der zum Schutzpatron der Liebenden wurde. Er traute Paare und überreichte ihnen Blumen und ließ sich nicht verbieten, seine Religion auszuüben. Dafür wurde er am 14. Februar 269 aufgrund seines christlichen Glaubens in Rom hingerichtet. Er hat sich sicher nicht vorstellen können, was an seinem Gedenktag überall in der Welt los ist. Jedenfalls scheint es ein beliebter Tag für Paare zu sein, sich einen Antrag zu machen. Laut einer Umfrage aus dem Jahr 2020 ist für die Mehrheit der Deutschen der 14. Februar als Valentinstag nicht von Bedeutung. Dennoch lieben die Floristen, Restaurants oder Chocolatiers diesen Tag.

Der Valentinstag macht mich immer nachdenklich. Eigentlich müsste es doch selbstverständlich sein, jeden Tag den Menschen, die man liebt, ein Zeichen der Zuneigung wie ein liebevolles, zärtliches Wort, eine Umarmung oder einen Kuss zu schenken. Aber es scheint nicht so zu sein. Ich denke an eine Begebenheit vor vielen Jahren, als ich nach einem Vortrag am Büchertisch saß und signierte. Ich hatte die Frau erst nicht bemerkt. Aber dann fiel mir auf, wie sie zaghaft versuchte, mir näher zu kommen. Sie wartete lange, bis niemand mehr am Büchertisch war. Dann fasste sie sich ein Herz und sprach mich an. »Ich traue mich das nicht!« Ich schaute verwundert. »Was trauen Sie sich nicht?«, fragte ich verblüfft. »Die Hausaufgabe zu machen«. Man muss dazusagen: An einer Stelle in meinen Vorträgen gebe ich gewöhnlich den Zuhörern zwei Hausaufgaben auf. Eine davon ist, wenn sie später heimkommen, jenen Menschen, der ihnen begegnet, zu umarmen, ihm ein Bussi zu schenken, und ihm von mir einen schönen Gruß zu wünschen. »Der wird wahrscheinlich denken, wo kommst du heute her?«, sagte ich schmunzelnd dazu. Die schüchterne Frau sprach weiter. »Mein Mann hat mich seit 20 Jahren nicht mehr umarmt.« Ich schaute fassungslos in ihre Augen. Uns beiden kamen die Tränen. »Dann tue ich es jetzt«, sagte ich und umarmte sie lange und innig. Gerne hätte ich noch länger mit ihr geredet. Aber sie nickte lächelnd und ging raus. Wie mir das leid tat. Es ist keineswegs selbstverständlich, dem anderen seine Gefühle zu zeigen, wie ich aus vielen seelsorgerischen Gesprächen weiß. Wer das als Kind von zu Hause nicht mitbekommen hat, tut sich auch später schwer. Ich schmuse noch heute mit meiner Mama. Für mich ist das ganz normal.

Doch worauf wollen wir warten? Im Juni 2024 ist der Mann einer guten Freundin nach Hause gekommen, gab ihr wie immer einen Kuss, ging sich frisch machen und wollte sich in der Küche ein Brot zubereiten. Sie hörte einen Schlag. Ihr alles geliebter, zärtlicher, außergewöhnlich liebender Mann war tot. Was für ein Schock. Er wollte mich am nächsten Tag besuchen und hatte eine weiße Rose für mich gekauft. »Ich will Schwester Teresa endlich kennenlernen«, erfuhr ich am nächsten Morgen, als meine am Boden zerstörte Freundin anrief. Aber das war noch nicht alles. Einige Wochen zuvor hatte ihr Mann plötzlich gesagt, sie müssten sich mal unterhalten, was sie tun würden, wenn einem von ihnen was passieren sollte. Er sagte ihr, dass jetzt natürlich nichts passiert, aber wenn er sterben würde, möchte er nur, dass Schwester Teresa die Traueransprache hält. Ich kann Ihnen sagen, es war eine der schwersten Bitten, die ich erfüllen sollte. Ich stand auch unter Schock. Zumal ich ihn nicht persönlich kannte. Dennoch schenkte Gott meiner Freundin und ihrer Tochter eine bewegende Trauerfeier. Der evangelische Pfarrer und ich ergänzten uns wunderbar. Gott schenkte mir die Worte, die ich brauchte. Mein Herz war in diesen Tagen sowieso ergriffen, weil zwei Tage vor der Beerdigung der erste Todestag von meinem Pfarrer Franz war, der am 18.6.2023 an Leukämie verstarb.

Diese Begebenheit animiert mich, Ihnen für diesen Monat Februar zuzurufen: »Leben Sie jetzt und heute«. Sagen Sie sich gegenseitig öfter, was der andere Ihnen bedeutet. Trauen Sie sich mit Ihren Ehepartnern oder Kindern darüber zu sprechen, was Sie sich wünschen, wenn mal etwas passieren würde. Schieben Sie nicht länger auf, was Sie noch in Ihrem Leben erleben möchten. Feiern Sie jeden Tag die Menschen, die Ihnen nahe sind. Es kostet nichts, dem anderen etwas Liebevolles zu sagen. Machen Sie den Februar zu einem Neubeginn Ihrer großen Liebe. An der Liebe müssen wir immer arbeiten. Wenn wir nichts Ungewöhnliches in unseren

Beziehungen tun, werden sie schnell gewöhnlich. Wenn wir nichts Ungewöhnliches in unseren Betrieben und Gemeinden tun, ebenso. Und wenn ich nicht eine neue, erfrischende Liebe in meinem Glauben zulasse, dann glaube ich am Ende aus Gewohnheit und wundere mich, dass da kein Feuer brennt. Wo kein Feuer ist, da brennt auch nichts.

In diesem Februar werde ich das auch tun und den Weg zurückgehen zur ersten Liebe mit meinem guten Gott. Ich schmuse gerne mit Gott und habe oft Gelegenheit, IHM ein dickes Bussi in Gedanken zu schicken. Ich darf das. Und doch will ich immer tiefer in Seine Liebe hineinwachsen. Mich immer neu in IHN verlieben und so noch verliebter zu den Menschen werden. Und ich will auch manches ordnen und klären. Auch mir könnte bei den vielen Fahrten zu den Menschen etwas passieren. Dann will ich niemandem einen Berg unerledigter oder ungeregelter Dinge hinterlassen. Ich will ein aktuelles Testament besitzen. Ich nehme diese Tage auch, um schweren Herzens manches von Pfarrer Franz wegzuräumen, an das ich mich noch nicht herangetraut habe. Denn ich nehme mir die Zeit zu trauern. Erinnerungstage sind wichtig und Emotionen und Gefühle auch.

Ich wünsche uns allen einen lichterfüllten Februar! Hoffentlich wird unser Herz neu entflammt von der Liebe. Sie ist doch das Einzige, für das es sich zu leben lohnt.

Licht, Licht, Licht
an trüben Tagen,
lass Dein Herz
neu Liebe wagen.

Warte nicht
und sag es heut,
was kostbar ist,
dass Dich es nie reut.

Lebe täglich
froh Dein Leben,
sei großzügig
im Tun und Geben.

Und Gott behüte
jeden Tag,
sei achtsam, stets
Dein »Danke« sag.

Teresas Februar-Rezept

Knusprige Hühnerbeinchen auf Blechgemüse

ZUTATEN

- 4 Hühnerschlegel
- 2 Zucchini
- 3 frische Paprika gelb, rot, orange
- 200 g Cherry- oder Kirschtomaten
- 3 Knoblauchzehen
- 1 Süßkartoffel nach Belieben
- 6 EL Olivenöl oder nach Belieben
- Kräuter der Provence
- 3 frische Rosmarin und Thymianzweige
- Salz, Pfeffer nach Belieben
- 300 ml Gemüsebrühe
- 250 g Couscous
- Salz, Pfeffer, Paprika, Edelsüß
- Honig
- Sojasoße
- 1 Prise Liebe ❤️

Zubereitung

1. Hühnerschlegel waschen und trocken tupfen.
2. Mit Salz, Pfeffer und Paprika nach Belieben einreiben.
3. Die Honig-Sojasoße verrühren und die Hühnerschlegel damit bepinseln.
4. Gemüse waschen, putzen. Paprika in große Würfel schneiden.
5. Zucchini halbieren und vierteln, in ca. 5 cm lange und 1,5 cm dicke Stäbchen schneiden, Süßkartoffel in Pommes-Frites-Stäbchen schneiden.
6. Knoblauchzehen schälen und in dünne Scheiben schneiden.
7. In einer Schüssel das Gemüse mit dem Olivenöl übergießen und vermengen.
8. Auf ein tiefes Backblech legen und mit den Kräutern bestreuen.
9. Backofen auf 200° Ober-/Unterhitze vorheizen.
10. Die Schlegel auf das Gemüse legen, mehrmals mit der Honig-Sojasoße bepinseln. Ca. 45 bis 50 Minuten auf mittlerer Schiene garen.
11. Nach 20 Minuten das Gemüse mit der Brühe übergießen. Nach 30 Minuten das Gemüse mit einem Löffel wenden.

Rezept aus: Teresa Zukic / Jalid Sehouli, Himmel im Mund, © Verlag Herder GmbH 2022

Platz für eigene Gedanken

März

Frühlingserwachen

von Eva-Maria Popp

Endlich März – der Frühling versetzt uns in Aufbruchsstimmung. Wir passen uns der Natur an, die ebenfalls erwacht. Plötzlich hört man wieder Vögel zwitschern, die ersten Bienen summen und bedienen sich emsig an den wertvollen Blüten der Frühblüher wie Märzveilchen, Blausternen und Leberblümchen, überall sprießt das frische Grün. Dieser Energieschub in der Natur wirkt wie ein Wachstumsbooster für unsere Seele, die aus dem grauen Winterschlaf erwacht. Wie schön, dass es Mutter Natur so gut mit uns meint. Welch ein Glück.

Interessant ist in diesem Monat der Namensgeber. Abgeleitet ist der Name März vom römischen Kriegsgott Mars. Sie müssen über diese Aussage nicht erschrecken, die zugegebenermaßen erst mal verwirrt. Ein Kriegsgott als Vorbild – wo kommen wir denn da hin? Doch in diesem Fall steht nicht der Krieg im Vordergrund. Es geht im März und auch bei Kriegsgott nicht ums Kämpfen, ums Gewinnen und Verlieren, um Zerstörung und Töten. Ganz im Gegenteil. Es geht um den Ausgleich, um die Balance der bestimmenden Kräfte. Der März ist der Monat der Tag- und Nachtgleiche. Die Sonne steht genau über dem Äquator und geht damit exakt im Osten auf und genau im Westen unter. Dieses jährlich wiederkehrende Naturereignis findet immer am 20. März statt. Das ist ein sehr schönes Omen für uns und unsere Seele. Ausgleich ist ein wichtiges Stichwort für uns. Im Gleichgewicht sein mit sich. In sich ruhend sein. In Balance sein.

Wer ausgeglichen ist, findet die Ruhe, um sich selbst zu finden.

Wer ausgeglichen ist, lebt in der Einheit mit sich selbst.

Wer ausgeglichen ist, findet seinen Frieden mit sich und seinem Umfeld.

Doch finden wir zu diesem Ausgleich? Wie kommen wir in die Balance?

Einen wichtigen Faktor stellt das Fasten dar, der Verzicht auf alles, was zu viel ist. Der Overload an Aktivität, Genuss, Essen, Trinken, Arbeit, Feiern, Medienkonsum, Rennen und Hasten, den wir ständig betreiben, verhindert die Balance in unserem Leben.

Deshalb ist für uns Menschen der März eine äußerst wichtige Zeit, weil in diesen Monat die Fastenzeit fällt – eine Zeit der Reinigung: Pusten Sie Ihren Körper und somit Ihre Seele kräftig durch. Wer fastet – und damit meine ich nicht nur den Verzicht auf Nahrung – hat die Chance, sich wieder mal selbst zu spüren. Auch ein knurrender Magen hat in diesem Zusammenhang etwas Gutes. Er zeigt uns, dass es überhaupt einen Magen gibt. Durch unsere ständige Verfügbarkeit von Essen haben wir verlernt, dass Essen eigentlich sehr, sehr kostbar ist. Alles Kostbare muss in Maßen genossen werden, um geschätzt zu werden.

In diesem Zusammenhang möchte ich Sie wieder in die Welt der Sinne entführen. Wie Sie inzwischen wissen, spielen die Sinne und ihr bewusster Einsatz, ihr anregender Gebrauch eine große Rolle für unsere Seele.

Wer seine Sinne benutzt, wer mit seinen Sinnen arbeitet, hat – im wahrsten Sinne des Wortes – ein sinnvolles Leben.

Wer seine Sinne täglich bewusst, heißt wissentlich und nicht unbewusst, einsetzt, lebt sinnvoll.

Wer seine Sinne befriedigt, durch einen bewussten Einsatz der Sinne, ist zufrieden mit sich und führt ein friedvolles und glückliches Leben.

Das mag Ihnen vielleicht etwas übertrieben und sonderbar vorkommen. Doch ich kann Ihnen versichern, dass diese Arbeit mit allen Sinnen die einfachste und wirkungsvollste Methode ist, um zu einem Leben in Balance zurückzukommen. Wir brauchen den Ausgleich, um zufrieden zu sein. Die Sinne führen uns auf unseren Ursprung zurück und geben uns die Gelegenheit uns selbst wieder zu spüren.

Wer sich auf diese einfache Art und Weise spüren kann, braucht keine Ersatzbefriedigungen, die sich oftmals in den verschiedensten Süchten bemerkbar machen. – Die Sinne führen uns zurück zum wahren Glück.

Kennen Sie den Buchklassiker »Haben oder Sein«? In seinem berühmtesten Werk macht uns der Psychoanalytiker und Philosoph Erich Fromm auf den Zusammenhang zwischen dem »Zu viel« und dem Lebensglück aufmerksam. Deshalb lohnt sich der Gedanke des Loslassens, des bewussten Verzichtens. Wer sich selbst finden will, muss Abschied nehmen vom zu viel. Doch wie funktioniert das in einer lauten Welt voller Werbung, falscher Versprechungen und großen Verführungen?

»Wenn du das kaufst, dann geht es dir gut – dann bist du glücklich.« – So oder so ähnlich lautet die Grundaussage der Werbung, die in raffinierte und kommunikationspsychologisch ausgeklügelte Werbetrailer verpackt, in unser Gehirn vordringt und unsere Seele vergiftet. Damit entstehen so viel Frust und Enttäuschung, weil wir kaufen, um glücklich zu sein. Schon beim Auspacken merken wir, dass uns das »neue Ding« auch nicht glücklich macht. Ein Teufelskreis, aus dem es schwer auszusteigen ist, doch der Ausstieg ist bitter notwendig.

Eine Möglichkeit des Ausstiegs ist das Fasten. Durch den Totalverzicht halten wir das Schwungrad des Overload, des Konsums an. Zugegeben, das ist auf den ersten Blick sehr schwer, weil ein Rad, das im Schwung ist, eine große Eigendynamik entfaltet und deshalb nur mit großer Kraftanstrengung aufzuhalten ist. Doch einmal gestoppt, können wir die Fahrtrichtung komplett drehen. Heute spricht man von Challenge. Wichtig dabei ist nochmals der Hinweis, dass es beim Fasten, zumindest bei der Enthaltsamkeit von materiellem Konsum, zum Ausstieg für kurze Zeit zum Totalverzicht kommen muss. Im Gegenteil, es darf nicht nur nichts Neues mehr hinzukommen. Wir müssen auch prüfen, wie wir uns weitergehend von einem ZU VIEL entlasten können.

Gehen Sie sehr bewusst durch Ihre Wohnung, durch ihren Kleiderschrank, durch Ihren Garten, durch Ihre Arbeitstasche, durch Ihren Schminkkoffer, durch Ihr Bad, durch Ihren Schuhschrank, durch Ihren Keller. Nehmen Sie jeden Gegenstand in die Hand und stellen Sie sich die Frage, ob Sie dieses Ding wirklich brauchen. Wann haben Sie es zum letzten Mal benutzt? Sie treten damit einen Prozess los, der durchaus Wochen dauern kann, bis er abgeschlossen ist. Denken Sie an den Buchtitel »Haben oder Sein«. Ein ZU VIEL an materiellen Dingen müllt unser Sein, unser Bewusstsein zu. Es bindet so viel Energie. Ich muss Raum dafür bereithalten, um es aufzubewahren. Ich muss diesen Raum und alles in diesem Raum putzen, reinigen, pflegen. Das gilt nicht nur für stoffliche Räume, sondern auch für virtuelle und geistige Räume. Sie werden staunen, wie gut es tut, zu entrümpeln. Dieser Vorgang befreit. Er nimmt uns den Druck, der von jedem Overload ausgeht und lässt uns aufatmen, mit jedem Atemzug, den wir machen, wächst unsere Seele zu neuer Größe. Es ist ganz einfach! Ich liebe das Prinzip der Einfachheit. Je einfacher und simpler die Dinge sind, umso mehr entfalten sie ihre Kraft in der Wirkung.

Der Geschmackssinn

Zurück zum Monat März und dem Fasten. In diesem Fall geht es um das Essen, denn ein wichtiger Sinn, der uns zurück in die Balance bringt, ist der Geschmackssinn. Lassen Sie sich von mir auf eine Reise zum Geschmackssinn entführen. Sie werden staunen, was es damit auf sich hat, und Sie dürfen sich auf eine einmalige Chance freuen, sich auf dieser Reise zu erkennen und sich selbst zu finden. Dabei handelt es sich um einen Sinn, der die Basisbedürfnisse befriedigt. Essen ist die elementarste Form der Bedürfnisbefriedigung. Die erste Tätigkeit, die ein Neugeborenes ausführt, ist das Saugen, verbunden mit Nahrungsaufnahme. In der Psychologie spricht man von der oralen Phase, in der sich das Kind befindet. Das bedeutet, dass die Sensibilität der Mundschleimhaut, somit auch die Geschmacksnerven, in diesem ersten Lebensjahr eines Kindes äußerst erregbar sind. Das Empfinden eines Kindes ist konzentriert auf den Mundbereich. So erklärt es sich, dass Kinder alles in den Mund stecken und über den Gebrauch eines Schnullers zu beruhigen sind. Zugleich fühlen wir beim Saugen die friedvolle Anwesenheit von Mutter, Vater oder anderen vertrauten Personen, die mir die Flasche reichen, im besten Fall ist es die stillende Mutter. Alles um mich herum ist warm und weich. Die Körperkonturen der Nährenden sind deutlich zu spüren. Diese frühen Erfahrungen und Prägungen sind die Ursache dafür, dass viele Menschen auf Stress und Ärger mit einer Veränderung des Essverhaltens reagieren. Sie wollen zurück zu dem Wohlgefühl, der oralen Befriedung des Säuglings und »essen sich den Stress, den Ärger, die Traurigkeit und alles Unbill dieser Welt von der Seele«: Auch unsere Sprichwörter geben uns Hinweise auf den Zusammenhang zwischen Essen und seelischer Befindlichkeit. So sagt der Volksmund: »Essen hält Leib und Seele zusammen.«

Essen – die Befriedigung des Geschmackssinns – dient uns als Seelenmassage, Trostpflaster, Beruhigung. Dagegen wäre gar nichts zu sagen, wenn wir dabei nicht immer dicker und runder würden. Es gibt jedoch Möglichkeiten, den Geschmackssinn intensiv zu befriedigen, ohne eine große Anzahl an Kalorien aufzunehmen.

Eine kleine Geschmacksübung:

Wählen Sie Ihr Lieblingsobst und zerkleinern Sie es in mundgerechte Stücke. Nun setzen Sie sich gemütlich hin, schließen Sie die Augen und essen ein Stück des Obstes ganz bewusst. Wie schmeckt es? – Frisch, süß, sauer, mehlig ... Verändert sich der Geschmack des Obstes beim Kauen? Was passiert auf meiner Zunge? Wie fühle ich mich bei diesem bewussten Kauen? Sie dürfen gespannt auf Ihre Antworten sein! Durch das Frage-Antwort Spiel verändert sich die Wahrnehmung und die Challenge funktioniert!

Führen Sie diese Übung einmal täglich durch! Wählen Sie dafür auch andere Lebensmittel. Was passiert während dieser einfachen wie angenehmen Übung? Sie spüren Ihren Geschmackssinn sehr intensiv. Sie sinnieren über das Stückchen Nahrung, das Sie gerade im Mund haben. Sie erleben es sehr bewusst. Der Begriff »bewusst« leitet sich von Wissen ab. Das heißt, Sie wissen wieder, wie das Stückchen Obst schmeckt, wie es sich anfühlt beim Kauen, beim Zerkleinern. Durch die intensive Beschäftigung wird es wertvoll, weil Sie seinen Wert spüren. Sie nehmen die Süße des Obstes wahr. Sie erleben den Geschmack. Ein wunderbares Sinneserlebnis, ein sinnvolles Erleben. Wenn ich das Ganze mathematisch betrachte, dann kommt es zu einer Potenzierung des Erlebten.

Aus einem einzigen Bissen Obst wird eine große Menge an Sinneserleben. Das bewusste Kauen und aktive Wahrnehmen macht aus einer reinen Essensaufnahme ein Mehr an Erleben, Erlebnis, Lustgewinn, Geschmackserlebnis. WOW! Aus wenig wird wie durch Zauberhand mehr! Ein einfaches Rezept ganz ohne Nebenwirkungen.

So genossen, entwickeln die Nahrungsmittel, die wir zu uns nehmen, eine ganz neue Wirkung. Wir brauchen viel weniger Nahrung zu uns zu nehmen als vorher und haben doch die volle Befriedigung unserer Seele.

Ein Mehr an Sinneserlebnis, das sich auf unsere Befindlichkeit sehr positiv auswirkt – weil wir uns wieder selbst fühlen und spüren bei gleichzeitiger Verringerung der Kalorienzufuhr. Das ist doch genial!

Eine neue Einstellung zum Fasten macht sich breit. Wenn Sie nun auch noch gesunde Nahrung zu sich nehmen – frisch zubereitet und mit wenigen Geschmacksverstärkern, Farbstoffen und anderen Giften versehen, dann werden Sie zurückfinden zu einem lustvollen Genuss, der weder auf dem Körper noch auf der Seele lastet. Die bewusste Arbeit mit dem Geschmackssinn und die bewusste Auswahl der Qualität der Nahrungsmittel führt zu einem ganz neuen Lebensgefühl. Körper und Seele gehen leicht durchs Leben – sie haben neue Flügel.

Nutzen Sie die übrige Zeit, die Sie durch das Entrümpeln gewonnen haben, und verbinden Sie diese mit dem Gefühl der Leichtigkeit in Form von Bewegung. Wir wollen doch die Challenge, die wir begonnen haben, aufrechterhalten. Wissen Sie noch, da war doch das Schwungrad, das wir angehalten haben, aus dem wir ausgestiegen sind, weil es uns in die verkehrte Richtung gefahren hat.

Heute steigen wir wieder ein und bewegen uns damit in die richtige Richtung. Nutzen Sie dafür die ersten warmen Sonnenstrahlen, die der März für uns bereithält, und machen Sie einen Spaziergang. Bewegung bewegt! Im Sinne unserer Philosophie »Weniger ist mehr« brauchen wir für die Bewegung keine extra Geräte und keinen Vertrag im glitzernden Fitnesstempel.

Der tägliche Spaziergang ist ein wichtiger Bestandteil der neuen Leichtigkeit. Lassen Sie Ihrem Körper Zeit für eine Eingewöhnungsphase. Bauen Sie Ihr tägliches Bewegungsprogramm in Ihr Leben ein! Es kann der Aufzug oder die Rolltreppe sein, die von Ihnen in Zukunft einen Laufpass bekommen. Eine andere Möglichkeit ist die Busstation, bei der Sie in Zukunft früher aussteigen. Ich absolviere beim Zähneputzen meine täglichen Kniebeugen und das Dehnen meiner Hüfte erledige ich beim Rühren des Puddings, den meine Enkelkinder so sehr lieben. Deshalb gibt es die Portion Pudding fast jeden Tag für meine Lieben. Wenn es mal nicht der Pudding ist, den ich rühre, dann ist es der Grießbrei oder die Suppe. Fakt ist: Meine Hüfte erhält jeden Tag ihre Streicheleinheit in Form von Dehnen am Herd. Möglichkeiten gibt es viele, für alle gilt die eine Regel:

Sie müssen VERSTEHEN, warum Bewegung so wichtig ist!
Sie müssen die bewusste Entscheidung treffen, dass Sie sich bewegen wollen!
Sie müssen nach Gelegenheiten suchen, in die Sie die Möglichkeit der Bewegung einbauen, die in Ihr Leben passen!
Sie müssen es WOLLEN!
Sie müssen es TUN!

Im März lernen wir vom Kriegsgott Mars, der das Kämpfen aufgegeben hat und stattdessen in die Balance geht.
Weg mit allem, was ZU VIEL ist!
Weniger ist MEHR!
Wie gut es tut in die Balance zu kommen!
Ich wünsche Ihnen viel Freude beim Entrümpeln Ihres Lebens!

Wer einmal Gutes sät, wird zwei Mal Glück ernten.

Auf den Grund des Herzens schauen

von Schwester Teresa Zukic

»Im Märzen der Bauer die Rösslein einspannt«: So beginnt ein bekanntes Volkslied, das sogar ich noch in der Schule gesungen habe. Als Stadtkind konnte ich nicht viel damit anfangen. Das hat sich in den letzten 20 Jahren aber geändert. Die Einladungen zu Landfrauentagen durch Bauernverbände in ganz Deutschland kann ich kaum zählen. Sie sind mir ans Herz gewachsen und es ist immer ein herrliches Vergnügen an diesen Veranstaltungen teilzunehmen. Ich nutze immer die Gelegenheit, mehr über ihr Leben zu erfahren, und nehme großen Anteil an ihrer immer schwieriger werdenden Situation. Wenn ich hunderte von Kilometern durch Deutschland fahre, genieße ich die blühenden Rapsfelder. 2024 blühten sie schon erstaunlich früh, weil es einfach zu warm war. Der Klimawandel macht unseren Bauern sehr zu schaffen. Wir werden sehen, was uns an Wetterkapriolen in diesem Jahr erwarten wird. Da der März meistens in die Fastenzeit fällt, werde ich auch in diesem Jahr wieder sehr viel mit Vorträgen unterwegs sein und viel von Gottes Natur erleben dürfen. Wie jubelten Pfarrer Franz und ich, wenn das erste neue Grün zu sehen war.

Doch vor der Fastenzeit wird erst mal Fasching gefeiert. Letztes Jahr fiel der Faschingssonntag genau auf unser Abenteuerland-Wochenende. Das war wunderbar. Es ging um die Blindenheilung. Alle Kinder durften verkleidet kommen. Ich war es die ganze Staffel schon, weil wir Gottes bunten Garten zum Thema hatten. Während der Katechese mit meinem Kollegen »Jo« hatte ich natürlich eine bunte Gärtnerschürze umgebunden und einen Strohhut auf. An diesem Faschingssonntag gab es viel Grund zum Feiern. Doch zuerst lagen Strohhut und Schürze noch auf dem Stuhl neben mir. Ich fragte die Kinder, ob sie alle ihre Augen offen haben. Ich machte sie aufmerksam, dass ich ja kaum zu übersehen bin und sie mich das ganze Jahr mit meinem besonderen Gewand und dem Schleier sehen konnten. So kennen sie mich alle seit Jahren. Jeder, der mich sieht, weiß sofort, dass ich Jesus gehöre und IHM und den Menschen diene. In der Präsentation zeigten wir einen Arzt im Kittel und eine Stewardess in ihrer Uniform. Den Beruf von beiden erkennt man sofort daran, wie sie angezogen sind. Aber wenn sie Feierabend haben, ziehen sie ihre »Arbeitskleidung« aus. Ich mache das nicht. Für mich ist es eine Berufung. Ich bin das ganze Jahr auch nach Feierabend so angezogen. Viele verschiedene Bilder von lachenden Ordensfrauen und ihren Ordensgewändern zeigten wir in der Präsentation. Nach außen hin ist das Ordensgewand nur Stoff. Es kann verschiedene Muster und Farben haben. Aber die Person, die es trägt, füllt es mit ihrem Herzen und ihrer Liebe aus, erzählte ich. Und ich sagte, dass wir heute eine besondere Freude haben, denn Schwester Clara hat sich entschlossen, in die Kleine Kommunität einzutreten. Als sie nach vorne kam, fragte ich sie, was ihr Herzenswunsch sei. Sie antwortete: »Ich will Jesus in der Kleinen Kommunität weiter folgen.« Für alle war das beeindruckend, denn so oft erlebt man das nicht in einem normalen Gottesdienst. Pfarrer Johannes segnete das Kleid und den Schleier, die auf dem Altar lagen. Ich überreichte meiner neuen Mitschwester das »neue Gewand«. Während sie sich in der Sakristei umzog, ging es mit der Katechese weiter. Gottes Welt ist bunt und großartig. Wir sollen nicht die kleinen Dinge übersehen oder wegsehen und blind sein für all das Schöne und Gute, das Gott uns schenkt. Mit ein paar Anspielen zeigten Kinder, wie sie manches einfach nicht sehen, oder wie leicht es ist, wegzusehen. So bereiteten wir uns auf das Evangelium vor. Die neue Schwester Clara sahen wir dann alle ganz bewusst. Mit der wunderbaren Musik von unserem lieben Winfried und Liedermacher Johannes M. Roth wurde es ein bewegender Gottesdienst.

Ausgelassen sein, zu feiern, in andere Rollen und Kostüme schlüpfen, sich zu verkleiden, lieben nicht nur die Kinder. Ich sehe mir gerne den fränkischen Kult- Faschingsabend aus Veitshöchheim an oder »Mainz bleibt Mainz«. Auch wir in der Kommunität verkleiden uns alle, wenn Fasching in der Gemeinde oder in unserer Gemeinschaft gefeiert wird. Nicht unberührt war ich, als ich während meiner Krebserkrankung, als Glatzköpfige, plötzlich eine rote Schaumstoffnase bekam. Ich sah tatsächlich aus wie ein Clown und wir hatten einen wunderschönen Abend. Ich liebe diese Fotos. Sie zeigen, dass man selbst in schwerster Krankheit glücklich sein kann.

»Am Aschermittwoch ist alles vorbei …«: Das stimmt und dann beginnt die Fastenzeit. Meine liebe Eva-Maria ist ganz wunderbar aufs Fasten eingegangen. Die Fastenzeit oder österliche Bußzeit ist die vierzigtägige Vorbereitung auf die Feier des Todes und der Auferstehung Jesu. Wir bereiten uns auf Ostern vor. Am Aschermittwoch und üblicherweise an allen Freitagen des ganzen Jahres wird kein Fleisch gegessen und am Karfreitag, wenn überhaupt, nur eine Mahlzeit. Christen fasten nicht, um noch frömmer zu werden oder Gott einen Gefallen zu tun. Sie überlegen, welcher Verzicht ihnen hilft, bewusst ihren Alltag zu unterbrechen und sich mehr auf Gott zu konzentrieren. Durch das Fasten nimmt man sich Zeit für Gott und schärft die Sinne für seine Gegenwart. Vor allem bereiten wir uns auf Ostern vor.

In der Fastenzeit geht es darum, auf den Herzensgrund zu schauen. Das Fasten macht deutlich, welches große Opfer und Leiden Jesus auf sich genommen hat, um uns zu retten. Wir alle machen Fehler und sündigen, auch wenn wir das nicht wollen. Das Problem ist, dass Sünde die Beziehung mit Gott belastet. Sünde trennt. Gott ist nun mal heilig und kann die Sünde nicht einfach übersehen. Aber weil er verrückt nach uns ist, hat er seinen Sohn auf die Erde geschickt, der alle Sünden mit ans Kreuz genommen hat. Alles, was unsere Beziehung mit Gott zerstört, hat er auf sich genommen. Er hat dafür den brutalsten und schrecklichsten Tod auf sich genommen und ist am Kreuz gestorben. Er wollte es aus Liebe tun. ER liebte uns frei. Was bedeutet da schon, eine Zeit auf etwas bewusst zu verzichten? Wir selbst können entscheiden, wie lang und auf welche Art wir fasten möchten.

Aber wir sollten nie vergessen, dass Jesus uns in der Bergpredigt so ermahnt: »Wenn ihr fastet, macht kein finsteres Gesicht, so dass die anderen merken, dass ihr fastet…«

Wir brauchen IHM nichts beweisen, keine frommen Leistungen abliefern oder meinen, mit unserem Fasten Gott beeindrucken zu wollen. Sein Sohn hat das schon getan. Wenn wir fasten, dann freiwillig und fröhlich.

Interessant ist, wie sehr ein Text, den ich seit ein paar Jahren am Beginn der Fastenzeit poste, Anklang findet. Letztes Jahr wurde er über 1.355-mal angeklickt und erreichte auf Instagram über 20.500 Konten:

»40 Tage Fastenzeit nicht jammern, nicht meckern, nicht kritisieren…«

Sie können diesen Text am Ende des Kapitels ganz lesen.

Er ist hochaktuell. Und vielleicht schwieriger, als auf das Essen oder bestimme Getränke zu verzichten. Das Jammerfasten wird in unserer Zeit immer wichtiger. Wir alle mussten die letzten Jahre schwere Zeiten durchstehen. Niemand wurde verschont. Beim Jammern übersieht man nur zu gern, was dennoch gut läuft, und konzentriert sich zu sehr auf das, was nicht zu unseren Vorstellungen passt. Es belastet stärker. Sehr schnell rutscht man in eine Opferrolle und verpasst den Moment sie wieder zu verlassen. Jammern verstärkt das negative Gefühl der Hilflosigkeit, der Ablehnung, der Ohnmacht. Früher sagte ich oft: »Hurra ein Problem!« Ich vertraute darauf, dass Gott schon eine Lösung hat, bevor ich zu jammern begann. Nicht immer fällt mir das nach meiner Krebserkrankung so leicht. Meine Lebensfreude ist zwar zehn Mal größer geworden, doch jede Kränkung empfinde ich tiefer und schmerzvoller.

Mich trägt dieser Glaube, dass Gott es immer gut mit mir meint. Ich konnte vieles ertragen, weil ich mein Kranksein akzeptiert habe und versuchte, das Beste daraus zu machen. Wir können viele neue Situationen meistern, je früher wir sie akzeptieren. Hilfreich fand ich diese Gedanken:

Du veränderst die Umstände oder du verlässt sie oder noch besser, du veränderst deinen Umgang mit ihnen. Eine dieser Möglichkeit funktioniert immer.

Um das Jammern sein zu lassen, hilft es mir, dankbar zu sein und das Schöne zu sehen und nicht zu übersehen, was ich schon erleben durfte, und zu sehen, dass es jeden Tag etwas gibt, worauf ich mich freuen kann. Je schneller ich die Situation annehme, desto rascher kann ich damit umgehen. Vieles ist eben anders, auch wenn mir das überhaupt nicht gefällt. Gott hat immer eine Lösung. Das durfte ich schon so oft erfahren. Es hilft, öfters positiv statt negativ zu denken! In Trauer und großen Sorgen kann man das natürlich nicht so einfach. Sich diesen Kummer von der Seele reden ist gesünder, als alles in sich hineinzufressen. Es wäre beinahe unmenschlich, seelischen Ballast nicht abwerfen zu dürfen. Das wehleidige Jammern ist auf Dauer zu anstrengend, vor allem für die anderen. Schließ Frieden mit der neuen Situation. Lass Dir Frieden schenken. Ein Geheimrezept funktioniert ganz oft: »Suchet zuerst Gottes Reich, dann wird Euch alles dazugegeben werden.« Überlege, für wen oder was Gott Dich heute brauchen kann. Und lass Dich überraschen, wie Deine eigenen Sorgen kleiner werden.

Lasst uns diese Fastenzeit fröhlicher angehen! Vierzig Tage dürfen wir probieren, umzudenken, anders zu denken, uns freizudenken. Freunden wir uns doch mit einem Heiligen an, lernen wir etwas von seinem Leben und ahmen ihn nach. Im März bietet sich der unauffälligste und schweigsamste Heilige an, der es aber in sich hat. Am 19. März feiern wir den heiligen Josef. Oh man, oh man, was ich in den letzten Jahren schon alles erfahren habe, was passiert, wenn man ihn um Hilfe in manchen ausweglosen Situationen bittet. Manche schreiben einen Zettel und legen ihn unter sein Bild oder eine Statue von ihm. Sogar Papst Franziskus tut es. Denn Josef wurde im Traum von Gott immer der richtige Weg gezeigt.

Bewundernswert fand ich das Gebet von Gonzalo Mazarrasa, einem spanischen Priester. Er studierte in Rom und wohnte im spanischen Kolleg des heiligen Josef, das in jenem Jahr sein hundertjähriges Bestehen feierte. Der Seminarist betete 30 Tage lang zum heiligen Josef für »unmögliche Angelegenheiten«. So was wäre nicht mal mir eingefallen. Der Priester schrieb:

»Ich beendete gerade ein 30-tägiges Gebet, um den heiligen Patriarchen um unmögliche Angelegenheiten zu bitten, als ein Flugzeug bei der Landung (in Granada) mit fast hundert Menschen an Bord in zwei Teile zerbrach: Der Pilot war mein Bruder. Die Lokalpresse berichtete, dass 26 der 94 Passagiere verletzt, aber niemand dabei getötet wurde. Die spanische Fernsehsendung El Hormiguero sprach vom ‚Wunderflugzeug'. Es gab nur einen Schwerverletzten, der sich, Gott sei Dank, erholte. An diesem Tag habe ich gelernt, dass der heilige Josef viel Macht vor dem Thron Gottes hat«, sagte der Priester. 30 Jahre betete er im März zum heiligen Josef und hat sehr viele Wunder erleben dürfen.

Was auch immer Sie sich in der Fastenzeit vornehmen, ich wünsche Ihnen dabei Segen. Ich wünsche Ihnen das Allerbeste

40 Tage Fastenzeit
nicht jammern
nicht meckern
nicht kritisieren
nicht ablehnen
nicht verletzen
nicht lästern
nicht verurteilen
Denk mal POSITIV

Teresas März-Rezept

Humus mit Cannellini-Bohnen mit gebratenem Knoblauch und Microgreens

ZUTATEN

- 1 Dose oder Glas Cannellini-Bohnen 400 g
- 2 bis 3 EL helles Tahini
- 2 EL Olivenöl
- Saft einer kleinen Zitrone
- Wasser oder 2 bis 3 Eiswürfel
- ½ TL Salz
- 1 TL Kreuzkümmel
- 1 Knochlauchzehe

Topping
- 3 Knoblachzehen
- 2 TL Olivenöl
- Microgreens
- 1 Prise Liebe

Zubereitung

1. Tahini mit etwas Wasser und Zitronensaft zu einer hellen Creme mit dem Schneebesen aufschlagen.
2. Bohnen in einem Sieb waschen.
3. Alle Zutaten mit einem Stabmixer pürieren und in einen tiefen Teller oder ein Schüsselchen geben.
4. Vor dem Servieren Knoblauch in Olivenöl hellbraun anbraten – nicht zu sehr, sonst wird er bitter – und über den Humus gießen.
5. Mit Microgreens toppen.

Platz für eigene Gedanken

April

Wachstum mit Liebe

von Eva-Maria Popp

Der Name April geht auf den lateinischen Begriff »aperire« zurück und bedeutet so viel wie »öffnen, aufkeimen«. Ja, das stimmt. Das passt zum April. Alles keimt auf, die Natur, die Blüten, die Tiere und nicht zuletzt der Mensch. Nach dem Keimen folgt das Wachstum. Deshalb möchte ich in diesem Monat über den wichtigsten Wachstumsfaktor für uns selbst schreiben, das ist die Selbstliebe.

Doch vorher noch ein kurzer Ausflug in den Fest- und Feiertagskalender. Natürlich spielt unser christliches Osterfest im April die größte Rolle. Dabei lohnt sich ein Blick in die vorchristliche Zeit. Das Osterfest lässt sich zurückführen auf die römische Frühlingsgöttin »Osteria«. Österliche Symbole wie das Ei, der Hase und das Lamm gehen auf uralte Fruchtbarkeitssymbole zurück. Gerade für die modernen Menschen ist es wichtig zu wissen, dass seit Menschengedenken der Beginn des Frühlings gefeiert wurde. So können auch wir uns zurückbesinnen und in Brauchtum und alten Festen einen tieferen Sinn des Lebens erkennen.

Mit Beginn des Christentums sind die alten vorchristlichen Feste allmählich aufgegangen in den christlichen Festen. Wobei in diesem Zusammenhang mit Ostern auch auf das jüdische Pessachfest verwiesen sei. Fakt ist, dass die Feste und der Festkalender tief in unserer psychologischen DNA verwurzelt sind und uns in Form von wiederkehrenden Ritualen Struktur und Halt geben. Deshalb ist es sehr wichtig für unser seelisches Wohlbefinden, dass wir unseren Festkalender ausgiebig feiern. Schon die Vorbereitungen auf das eigentliche Fest bereiten uns große Freude.

Ich wende mich nun dem wichtigsten Wachstumsfaktor im Leben eines Menschen zu – der Liebe. In diesem Fall der Selbstliebe: Im April lassen Frühlingsgefühle das Leben leicht werden. Die Luft riecht nach Frühling, die Sonnenstrahlen sind bereits kräftig und erzeugen ein angenehmes, wohliges Gefühl auf unserer Haut. Das sind besondere Sinneserlebnisse, die die Seele verwöhnen. So wird ein Liegestuhl in der Sonne zur Wellnessoase pur. Damit ich das alles genießen und dieses Verwöhn-Programm aus der Natur annehmen kann, muss ich bereit sein.

Es gibt so viele Menschen, die nicht genießen können, die es sich selbst nicht wert sind. Das ist sehr schade, um nicht zu sagen tragisch – ohne Selbstliebe kein Selbstwert. Ohne Selbstwert keine Selbstanerkennung – ohne Selbstanerkennung keine Anerkennung von anderen – Menschen, die nicht anerkannt werden, bleiben unerkannt. Sie sind alleine und einsam in der Menschenmenge. Sie werden nicht gesehen. Menschen, die nicht gesehen werden, können ihre Träume nicht leben. Diese bleiben unerfüllt. Dieser Umstand ist das Gegenteil von Glück und Zufriedenheit.

Wichtig in diesem Zusammenhang ist mir der Hinweis, dass am Anfang der Kette immer ich selbst stehe. Ich muss mich selbst achten, schätzen, lieben, anerkennen, meine Bedürfnisse sehen, damit auch andere mich achten, schätzen, lieben und anerkennen und vor allem meine Bedürfnisse erkennen können. Viele Menschen beklagen sich, dass keiner sie mag, dass sie sich nicht anerkannt fühlen. Ich kann nur sagen: BEGINNE BEI DIR – wenn du dich selbst siehst, dann wirst du auch von deiner Umwelt gesehen werden.

Bitte halten Sie hier inne und gehen in sich! – Kommt es Ihnen bekannt vor, dieses Beklagen und Jammern, dass Sie nicht gesehen, nicht gemocht, nicht anerkannt werden? Wenn ja, dann sollten Sie JETZT, HIER und HEUTE damit aufhören. Stecken Sie Ihre Energie lieber in die Challenge Ihrer Gefühle. Lernen Sie sich selbst zu spüren, zu sehen und zu lieben. Selbstliebe ist der Schlüssel zum Lebensglück, zu Lebensfreude und Lebensenergie.

Wie die Challenge beginnen? Sicherlich ahnen Sie bereits meine Antwort: Natürlich über die Arbeit mit allen Sinnen – Sie kennen doch schon meine Begeisterung für die Sinne und deren Wechselwirkung in Sachen Liebe und Glück.

Der Tastsinn

Dieses Mal möchte ich Sie mit dem Tastsinn vertraut machen: Der Tastsinn betrifft nicht nur unsere Hände, sondern die gesamte Hautoberfläche. Dieses Hautkleid dient als Grenze nach innen und außen. Es gibt unserem Körper, und somit unserer ganzen Person, ein Außenbild und eine Außenwirkung.

Die Haut ist ein wichtiges Kommunikationsorgan. Über sie nimmt der Mensch einerseits Kontakt zu seiner Umwelt und zu seinen Mitmenschen auf, andererseits schützt sie ihn vor Umwelteindrücken und -einflüssen. Wenn Sie nur an Ausdrücke denken wie zum Beispiel »Lerne deine Grenzen kennen!« oder »Die Haut ist der Spiegel der Seele«, dann wird uns bewusst, wie sehr die Haut Einfluss auf unsere Seele nimmt und unsere Persönlichkeit beeinflusst. Um diese Zusammenhänge zu verstehen, ist es sinnvoll, sich mit der Entwicklungspsychologie und der Entstehung unserer Persönlichkeit zu beschäftigen.

Ein Neugeborenes kommt zur Welt und fühlt keine Grenzen. Das kleine Wesen hat den Eindruck, omnipotent zu sein. Es geht in seiner Umwelt auf. Erst durch viele Berührungen der pflegenden und liebenden Versorgerinnen und Versorger bekommt das Kind einen Eindruck von sich. Allmählich spürt es seine Grenzen über die Haut. Streicheln, pflegen und getragen werden sind dabei wichtige Komponenten. Nach ein paar Monaten entdeckt das Kind spielerisch und zufällig seine Extremitäten und beginnt, sie zu begreifen – im wahrsten Sinne des Wortes. Danach fängt es an, gezielt zum Beispiel nach seinen Zehen zu greifen und damit zu spielen. Das Kind beschäftigt sich somit mit sich selbst. Es lernt sich selbst kennen und lieben, eine Persönlichkeit entsteht. Dies erkennt man daran, dass das Kleinkind ungefähr im Alter von drei Jahren sich selbst nicht mehr mit dem eigenen Namen betitelt. Spricht es vorher von sich als Susi, Max, Josef oder Ingrid, wechselt die Perspektive und das kleine Wesen spricht nun von ICH:

Aus »Susi will Saft« wird das selbstbewusste Äußern eines Wunsches in der Ich-Form: »ICH will einen Saft«. Die Eltern sollten in diesem Fall jubeln. Ihr Kind zeigt damit deutlich, dass aus dem kleinen Wesen eine echte Persönlichkeit mit Selbstbewusstsein geworden ist.

Was zeigt uns dieser entwicklungspsychologische Sprung: Persönlichkeitsbildung funktioniert über den Tastsinn. Nehme ich die Worte wörtlich, erkenne ich, dass der Begriff Selbst-bewusstsein auch mit diesem Themenkomplex zu tun hat. Über den Tastsinn, über die Beschäftigung mit mir selbst, werde ich mir meiner selbst bewusst. Wie beim Kleinkind entsteht plötzlich ein klares Selbstbild. Ich habe eine Vorstellung von mir. Diesem Selbstfindungsprozess sollten Sie sich jeden Tag so oft und solange es geht durch das Erspüren und Begreifen Ihres Körpers, Ihrer Haut widmen.

Das heißt, ich kann durch die Beschäftigung mit meinem Körper eine Unterstützung meiner Psyche erreichen. Diese Methode eignet sich besonders für Krisenzeiten im Leben. Die Beschäftigung über den taktilen Sinn mit meinem eigenen Körper gibt mir Sicherheit und Selbstbewusstsein und macht mich stark.

Ich besinne mich auf mich selbst. Das kostet weder Geld noch Zeit, ist unabhängig von Utensilien und überall und zu jeder Zeit durchführbar. Besonders die Bewegung im Wasser ist bestens für Ihre Sinnesübung geeignet. Das Wasser umhüllt meinen Körper komplett. Der sanfte Wasserdruck erleichtert uns das Spüren und Wahrnehmen unserer Konturen. Es kann das Bad in der Badewanne sein oder das Schwimmen im Wasser.

Die Beschäftigung mit dem eigenen Körper über den Tastsinn gibt Sicherheit und ein gesundes Selbstbewusstsein. Das wiederum ist eine wichtige Basis für Zufriedenheit und Lebensglück.

Kleine Übungen für den Tastsinn

Widmen Sie Ihren nächsten Urlaub der Bewegung im Wasser. Dort haben Sie genug Zeit und Möglichkeiten, die Sinnesübungen für den ganzen Körper im Wasser zu genießen. Gerade das Wasser streichelt die Haut, wenn Sie aufmerksam beobachten und bewusst wahrnehmen, wie der Körper langsam unter den Wasserspiegel taucht.

Viele Hotels oder Urlaubsorte bieten auch die Möglichkeit einer Massage. Was gibt es Besseres für die Seele und die Schulung des Tastsinns als eine Ganzkörpermassage? Und wer mit diesen wichtigen Übungen nicht auf den nächsten Urlaub warten will, geht in das örtliche Schwimmbad und/oder in die häusliche Badewanne.

Außerdem sollten wir unseren Füßen Aufmerksamkeit schenken, wenn wir uns mit dem Thema Tastsinn beschäftigen. Schließlich gehören wir zur Gattung der Säugetiere und lange vor unserer Zeit erfüllten die Hände und Füße in Form von Pfoten denselben Zweck. Sie können selbst eine Menge für die Füße tun. Laufen Sie barfuß, um Ihre Füße – die Basis Ihres Körpers – kennenzulernen und somit Ihre Standfestigkeit zu erhöhen. Auch in diesem Wort steckt wieder die Verbindung zu einer seelischen Befindlichkeit. Mit standfest und standhaft drücken wir die Willenskraft eines Menschen aus.

Zurück zum Barfußlaufen. Sie regen dadurch auf natürliche Weise Ihre Fußreflexzonen an und stärken außerdem Ihre Fuß- und Wadenmuskulatur. Ihre Fitness steigt. Ihre Stand-festigkeit wird permanent erhöht. Wohlbefinden pur. »Der steht mit beiden Beinen im Leben«, »die ist standhaft«, »die wirft so leicht nichts um.« All diese Redensweisen drücken eigentlich psychische

Faktoren aus, obwohl wir Begriffe aus der Körperlichkeit verwenden. Auch hier wird die Bedeutung des Tastsinns für Ihre Psyche klar.

Fakt ist, es gibt so viele Möglichkeiten des Begreifens unseres Körpers. In der U-Bahn können Sie sich zum Beispiel Ihren Fingernägeln widmen. Streichen Sie über die Nägel. Erspüren Sie deren Form, deren Beschaffenheit. Machen Sie weiter mit den Fingern, den Zwischenräumen der Finger, den Handflächen innen und außen. Mit jeder Sinneseinheit lernen Sie Ihren Körper besser kennen und somit sich selbst.

Es gibt einen schönen Spruch, der lautet: »Berührung berührt.« Auch in diesem kurzen Satz steckt so viel Wahrheit über die Bedeutung des Tastsinns für die Seele und bestätigt den Zusammenhang zwischen Tastsinn, unserem Sein, unserem Selbst-Bewusst.Sein, unserem Spüren und unserem Empfinden. Sich spüren bedeutet pures Glück. Es ist so einfach wie wirkungsvoll.

Eine wichtige Erkenntnis, die Sie sich verinnerlichen sollten: So wie ich mich fühle, ist meine Körpersprache und umgekehrt. So wie meine Körpersprache ist, fühle ich mich. Sie können durch die Art, wie Sie sich bewegen, wie Sie Ihren Körper wahrnehmen, unmittelbar auf Ihr Fühlen Einfluss nehmen. Das ist unglaublich wichtig und gibt uns die Macht über uns selbst zurück.

Und nun wünsche ich Ihnen viel Freude und Selbsterkenntnis mit den Sinnesübungen Ihres Tastsinns. Nehmen Sie die Beschäftigung mit dem eigenen Körper sehr ernst und üben Sie täglich! Sie werden staunen, wie sich Ihre Befindlichkeit immer mehr umstellt. Zufriedenheit und der innere Frieden werden sich einstellen. Sie werden ruhig und gelassen.

Welches Glück und welche Freude!

Du musst deinem Glück die Chance geben, dich zu finden.
Zeig dich! Mach dich bemerkbar!

Eine herzzerreißende Liebe

von Schwester Teresa Zukic

Weihnachten ist das schönste und emotionalste Fest überhaupt, aber Ostern ist und bleibt das älteste, größte und bedeutendste Fest der Christenheit. Ostern prägt den Monat April. Nach den Fastentagen begleiten wir Jesus in der heiligen Karwoche, die mit dem Palmsonntag beginnt. An diesem Tag feiern wir den Einzug Jesu in Jerusalem. Am Gründonnerstag gedenken wir der Fußwaschung, der dramatischen Abendmahlsfeier bis zur aufwühlenden Nacht am Ölberg und der Inhaftierung Jesu. Der traurige Karfreitag, der um 15 Uhr auf der ganzen Erde mit der herzzerreißenden Karfreitagsliturgie gefeiert wird, und dann feiern wir am Ostersonntag den Höhepunkt, die Auferstehung, in der Osternacht erklingt das herrlich herzerfüllende Halleluja. ER ist wahrhaft auferstanden. Natürlich wissen wir Christen, dass Jesu vor 2000 Jahren gestorben und auferstanden ist. ER, der Auferstandene, lebt. Nur wir, wir brauchen jedes Jahr diese Gedenktage, um zu begreifen. Vielleicht geht es Ihnen auch so. Plötzlich hören Sie eine Textstelle neu und es berührt Ihr Herz wie nie zuvor.

Meine allererste Osternacht erlebte ich, als ich mit 18 Jahren getauft und gefirmt wurde und zum ersten Mal zur Kommunion gehen durfte. Drei Sakramente auf einmal empfängt ein Erwachsener Täufling nach einer längeren Vorbereitungszeit. Solange man nicht getauft ist, darf man nicht die Kommunion empfangen. Kurz vor Ostern war eine so große Sehnsucht in mir. Und ich fühlte mich wie in einem fremden Körper. Wann könnte ich den Reißverschluss öffnen und hinausschlüpfen? Niemals werde ich diese Osternacht vergessen.

Es war die erste Nacht meines neuen Lebens. Um fünf Uhr früh fing die Feier an. Vor der Kirche brannte ein Feuer, an dem das Osterlicht angezündet wurde. Ich hielt einen braunen Umschlag in der Hand. Im Umschlag hatte ich alle Sünden meines bisherigen Lebens aufgeschrieben, jedenfalls soweit ich mich erinnern konnte. Als Symbol eines neuen Anfangs wurde dieser Umschlag ins Feuer geworfen.

Dann zogen wir in die Kirche. Meine Gemeinde, meine alten und neuen Freunde und ganz viele Jugendliche aus dem Bekanntenkreis des Pfarrers waren gekommen. Sogar meine Eltern waren dabei, auch wenn es ihnen sichtlich schwerfiel, meinen neuen Lebensweg nachzuvollziehen. Schließlich gab ich mit diesem Schritt auch meinen Sport und meine Lebenspläne auf. Ich wollte in dieser Nacht Gott mein Leben anvertrauen. Der Kirchenchor sang die Allerheiligenlitanei und ich legte mich vor den Altar. Ja, ich brauchte die Hilfe aller Heiligen, um eine gute Christin zu werden. Der Pfarrer sagte mir, bei meiner Taufe sollte ich mir sagen, dass Gott mich innerlich ansprechen würde: »Du bist meine geliebte Tochter.« Aber ich brauche es mir nicht einzureden. Vor Freude und Frieden konnte ich gar nichts mehr sehen. Ich bin ein Kind Gottes. Ich bin Christin. Alle Schuld ist weg! Nach der Taufe wurde mir ein weißes Gewand angezogen. Die Jugendlichen sangen das zu Herzen gehende Lied: »Gottes Liebe ist wie die Sonne, sie ist immer und überall da.« Ich war von der Gewissheit, ewig zu leben, so erfüllt, dass ich mich umdrehte und allen zurief: »Ich werde ewig leben!« Meine Freude war unbeschreiblich. Nach der Taufe empfing ich die Firmung.

So viel Gnade auf einmal! Ich empfand es wie ein Brandzeichen. Du, Gott, wirst mich nie mehr mit deinem Geist verlassen, wenn ich dich nicht verlasse. Und dann kam ein nächster Höhepunkt: meine Erstkommunion. In den letzten Wochen vor der Taufe hielt ich es gar nicht mehr bis zum Schluss im Gottesdienst aus, weil ich noch nicht zur Kommunion durfte. Bei der Vorbereitung erfuhr ich, dass in der frühen Kirche die Taufbewerber nach dem Wortgottesdienst hinausgeschickt wurden. Ich konnte verstehen warum.

Als ich die Kommunion empfing und betete, da versprach ich Gott, mein Leben ganz auf ihn auszurichten. Auch wenn ich nicht wusste, wohin er mich führen würde. Ich wusste, ich hatte mich auf den Tod Jesu taufen lassen, also auch auf sein Kreuz. Es würde sicher kein einfaches Leben werden als Christin, es würde ein Abenteuer werden. Als wir aus der Kirche kamen, ging gerade die Sonne auf, so wie in meinem Leben.

Es ist nicht einfach zu begreifen, wieso Jesus einen derart brutalen Tod sterben musste, um uns zu erlösen. Nie vergesse ich einen Kinobesuch in München. Pfarrer Franz und ich waren eingeladen, vorab in München den Film »Die Passion Christi« von Mel Gibson anzuschauen. Ein ausgesuchtes Publikum von Bischöfen, Priestern, Theologen, Ordensleuten, Laien, bis hin zu Jugendlichen sollte ihn anschauen und seine Meinung äußern, ob man ihn in Deutschland zeigen könnte. Als wir in der Schlange zum Eingang standen, hörte ich, wie sich zwei junge Erwachsene unterhielten. Sie erzählten, dass sie vorher noch gebeichtet hatten, bevor sie heute das Leiden Christi ansehen. Ich staunte. Bevor es losging im Kino, sprach ein Monsignore und bereitete uns auf den Film vor. Nach dem Film konnten wir kaum sprechen. Nicht ansatzweise hatte ich bis dahin eine Ahnung, wie brutal eine Geißelung oder der Tod am Kreuz tatsächlich ist. Ich vergrub mich so sehr in den Kinositz und musste die Augen öfters schließen, ich konnte die brutalen Szenen nicht ertragen. Immer wieder kamen mir die Tränen. Und nicht nur mir.

Warum Jesus in der Nacht zuvor am Ölberg aus Angst Blut und Wasser geschwitzt hat, verstand ich danach besser. Auch er hatte Todesangst. Eine gewaltige Angst. Das hat mich vor meiner Krebs-OP so getröstet, dass wir nicht einen Gott haben, der fern ist, sondern der so hinabgestiegen ist ins Menschsein, dass er alles am eigenen Leib mitgemacht hat. Er weiß, was Todesangst ist, dachte ich mir. »Nimm diesen Kelch von mir«, hatte er gesagt, »aber nicht mein Wille, sondern dein Wille geschehe«. Schweigend nahm er allen Hohn, alle Beschuldigungen, Schmerzen und alle Folter auf sich. Wir werden wohl nie begreifen, für welch teuren Preis jeder Mensch, jeder von uns, frei geliebt wurde. Eine herzzerreißende Liebe. Er tat es für uns. Er musste es nicht. Er wollte es tun. Es ist nun mal so, auch wenn wir uns noch so sehr bemühen alles richtig zu machen, so sind wir schwach und handeln oftmals gegen die Liebe. Wir machen uns schuldig und sündigen.

Gott kann die Sünde nicht übersehen. ER ist heilig. ER hasst die Sünde, weil sie uns von IHM trennt. Aber ER liebt den Sünder, ER übertreibt es so sehr uns zu lieben, dass sein Sohn für unsere Sünden starb, um uns reinzuwaschen. Unfassbar! Nie wieder soll etwas zwischen uns und dem Vater stehen, dass uns von seiner Liebe trennen kann. Keine Sünde, kein Versagen, keine Schuld. Das dürfen wir nie vergessen. Es gibt eine Deponie für unsere Schuld. Einen heiligen Flucht-Ort für all unsere Sünden. Gott selbst hat diesen Ort geschaffen. Einen glückseligen Ort für unsere Rettung. Auf Golgatha und auf dem Holz des Kreuzes. Dort hat Gott jeden Schuldzettel zerrissen. Auch meinen und auch Ihren. Er verzichtet auf jede Bestrafung. Wo Sein Sohn für unsere Schuld starb, findet die große »Ent-SORGung« statt. Aller Sperrmüll des Todes, aller Dreck der Sünde wird hier vernichtet. Gott fischt uns selbst heraus aus dem Müllberg unseres Versagens. Er macht uns fähig, neu anzufangen. ER schenkt uns neues Leben und zeigt uns Perspektiven auf. Wer die große Vergebung Gottes annimmt, erlebt in ungeahntem Maße Befreiung. Er erfährt ein Angenommensein, das ihm möglich macht, sich selbst wieder in die Augen zu schauen. Er wird fähig, seine Schuld zu erkennen, zu bekennen und dazu zu stehen. Er erlebt Auferstehungsmomente. Ostern ist das berauschende Fest der Erlösung. Wie schön ist es, wenn die Orgel wieder einsetzt und das Halleluja geschmettert wird. Natürlich ist es für jeden anders und nicht jedes

Jahr anders. Aber nach meiner Gesundung, ich sag Ihnen, es war mein fröhlichstes Osterfest. Ich habe dem Tod ins Gesicht gelacht. Welch ein Osterlachen. Was auch immer im Leben geschieht: Jesus ist unser Retter und wir haben nichts zu befürchten, wenn wir an IHN glauben.

Als wir ein halbes Jahr später mit vielen unserer Mitarbeiter in Nürnberg noch einmal den Passionsfilm anschauten, wunderte ich mich über andere Besucherinnen und Besucher, die mit vollen Popcorntüten kamen. »Oh je«, dachte ich, »ich glaube, der Appetit wird Euch schnell vergehen.« Anscheinend nicht allen. Sie aßen ihr Popcorn auf. So ist das heutzutage. Manche wissen nicht, was tatsächlich an Ostern für uns alle passiert ist, oder dass Ostern mehr ist als Ostereier und Osterferien. Für viele bedeutet es nicht mehr das, was es für einen gläubigen Christen bedeuten sollte. Das ist so. Ich weigere mich Menschen deswegen schief anzuschauen. Auch ich kannte bis zum Alter von 18 Jahren Gott nicht. Es ist an uns und unseren Kirchen und dem lebendigen Christentum, Menschen neue Zugänge zu schaffen, glaubwürdig und begeisternd den Glauben vorzuleben. Wir alle sind Zeuginnen und Zeugen des Auferstandenen und haben einen Auftrag. Wir sollen uns selbst immer wieder neu infizieren lassen vom Glauben und der Begeisterung und durch unser Leben Seine Liebe bezeugen. Oh, wenn Ihr nur wüsstet, wie verrückt Gott Euch da draußen liebt! Der Ostermontag lädt uns ein, uns im Emmausgang auf den Weg zu den Menschen zu machen. Oft haben wir zu schnell Antworten für Fragen, die gar nicht gestellt werden. Wir müssen uns als Kirche wieder für die Menschen interessieren. Das war immer unser Ansatz in der Kleinen Kommunität. Echtes Interesse am Leben und der Lebenssituation der anderen, ohne Hintergedanken, sie in die Kirchen locken zu wollen. Warum die Abenteuerland-Gottesdienste und unsere Gemeindearbeit so eine Segensgeschichte war und ist? Aus diesem Grund. Wenn wir nur für die Menschen da sind, fangen sie an zu fragen. Wir sollen Gemeinde sein, damit Menschen Gott finden. Die Freude des Osterfestes fällt mit dem Aufblühen der Natur zusammen. Die Krokusse, Narzissen, Tulpen – alles beginnt zu blühen. Wir hoffen auf Sonne und Wärme. Als atme die ganze Schöpfung auf. Welche Freude ist es, blühende Bäume zu betrachten und es sich schön zu machen. Manche nutzen die Ostertage für eine Auszeit. Viele gehen auch in Klöster und leben und feiern die Ostertage dort mit. Auch ich biete das in der Kommunität jetzt an. Die Freude wiederfinden, die uns Ostern schenkt. Die Hoffnung, dass bei allen Menschen Todeszeichen, die es in der Welt und in unserem persönlichen Leben gibt, in Lebenszeichen verwandelt werden. Dass der Stillstand, die Müdigkeit, die Leere, die Trostlosigkeit und die kleinen und großen Enttäuschungen, die uns belasten, in neue mutmachende und heilende Lösungen verwandelt werden. »Tod, du bist besiegt«, singen wir an Ostern. Es geht weiter. Es gibt immer einen Weg. Das neue Leben wartet nur, gelebt zu werden. Vielleicht wird es dieses Jahr ein neuer Frühling des Glaubens. Ich wünsche Ihnen und Ihren Lieben ein wirklich gesegnetes Osterfest!

Er ist erstanden,
Ja ER lebt,
die Freude lässt uns singen.

Geschwister,
lasst uns fröhlich sein,
Ihm alle Ehre bringen.

Glückselig ist
nun auch die Schuld,
ihr Retter hat gewonnen.

Und unser Leid
und alle Schuld,
mit in den Tod genommen.

Nie wieder
fürchten wir die Furcht,
die Angst, sie ist bezwungen.

Die Schöpfung jubelt
mit im Chor,
SEIN Name wird besungen.

Es ist der Herre
Jesu Christ,
Er lebt und lässt uns leben.

Voll Freude, Dank
und Seligkeit,
wir unser Lob ihm geben.

Teresas April-Rezept

Lammpäckchen

ZUTATEN

für die Päckchen

- 250 g Aubergine
- 2 Zwiebeln
- 2 Knoblauchzehen
- 3 Stängel Minze
- 4 EL Olivenöl
- 25 g Rosinen
- Salz und frisch gemahlener Pfeffer
- 1 EL Paprikapulver
- 1 TL Kurkumapulver
- 1 TL Kreuzkümmelpulver
- 1 TL Zimtpulver
- 1 EL Tomatenmark
- 1 Scheibe Vollkorntoastbrot
- 250 g Lammhackfleisch (alternativ Rinderhack)
- 1 Ei
- ½ Packung Filoteig aus dem Kühlregal (à 250 g)
- 50 g zerlassene Butter
- 1 TL Schwarzkümmel

für die Sauce

- 2 EL Tahina
- 200 g griechischer Joghurt (10 % Fett)
- Salz und frisch gemahlener Pfeffer
- 1 Prise Liebe

Zubereitung

1. Aubergine putzen und in kleine Würfel schneiden. Zwiebeln und Knoblauch schälen und fein würfeln. Die Minzblätter klein schneiden.
2. Das Olivenöl in einer großen Pfanne erhitzen. Aubergine, Zwiebeln und Knoblauch darin weich garen. Rosinen, Salz, Pfeffer, Paprika, Kurkuma, Kreuzkümmel, Zimt und Tomatenmark zugeben und kurz gemeinsam erhitzen. Dann die Hälfte der Minzblätter hinzugeben, unterrühren und alles vollständig abkühlen lassen.
3. Das Toastbrot hacken und mit Hackfleisch und Ei in eine Schüssel geben. Die Gemüsepfanne hinzugeben und alles gut vermengen.
4. Den Backofen auf 220 °C (Ober-/Unterhitze) vorheizen. Ein Backblech mit Backpapier belegen.
5. Bei den Filoteigblättern einzeln vorgehen, damit sie nicht austrocknen. Ein Blatt jeweils quer halbieren, mit Butter bepinseln und übereinanderlegen. 2 bis 3 Esslöffel der Füllung am oberen Rand mittig verteilen, die Seiten einklappen und jeweils aufrollen. Mit der Naht nach unten auf das Backblech legen. Mit etwas Butter bepinseln, mit etwas Schwarzkümmel bestreuen. So fortfahren, bis die gesamte Füllung aufgebraucht ist. Bei Bedarf noch etwas weitere Butter zum Bestreichen zerlassen.
6. Die Päckchen auf der mittleren Schiene ca. 15 Minuten goldbraun backen. In der Zwischenzeit für die Sauce die restliche Minze mit Tahina, Joghurt, etwas Salz und Pfeffer verrühren. Die fertigen Päckchen aus dem Ofen nehmen und mit etwas Sauce auf Tellern anrichten.

Rezept aus: Teresa Zukic / Jalid Sehouli, Unsere Energieküche. Die besten Rezepte gegen Erschöpfung und Müdigkeit © Kneipp Verlag in Verlagsgruppe Styria GmbH & Co. KG, Wien 2023.

Platz für eigene Gedanken

Mai

Liebe zur Natur, Liebe und Natur, Liebe und Glück

von Eva-Maria Popp

Der Mai ist der Monat, der in der Natur am meisten Veränderung mit sich bringt, schließlich schenkt er uns die größte Blütenpracht im ganzen Jahr. Dieses Aufblühen überträgt sich auch auf unser Lebensgefühl. Üppig, wie die Natur es uns vorlebt, gehen wir mit unseren Gefühlen um.

Die Maiprämisse lautet: … für die Liebe, … für das Leben, … für alle Sinne!

Der Mai bietet die einmalige Chance, alle Sinne zu schulen:

Hören: Die Vögel bieten wahre Wunschkonzerte in Sachen Naturmusik.
Sehen: Die Blütenpracht verwöhnt das Auge mit einem betörenden Farbenspiel.
Riechen: Die Luft riecht nach Flieder, Waldmeister und Jasmin.
Fühlen: Die Grasteppiche werden immer weicher und laden zum ersten Barfußlaufen ein.
Schmecken: Die ersten Erdbeeren wachsen auf dem Feld. Frisch gepflückt schenken sie uns ein Geschmackserlebnis der besonderen Art.

Wir sprechen nicht umsonst vom Wonnemonat Mai. Alles ist im Überfluss vorhanden. Das gilt auch für die Liebe. So ist der Mai auch ein beliebter Hochzeitsmonat. Viele Paare heiraten in dieser wunderschönen Zeit.

Ich habe Sie im April in die Bedeutung der Selbstliebe eingeführt und Ihnen gezeigt, wie Sie diese erlangen können. Die Selbstliebe wiederum ist die Basis dafür, andere lieben zu können. Liebe zu Menschen, Tier und Natur, Nächstenliebe, Empathie und Mitgefühl: All das sind sehr wichtige Empfindungen, zu denen wir nur fähig sind, wenn wir uns selbst kennen und selbst lieben. Es ist ein großes Glück, liebesfähig zu sein. Liebe zu erfahren und wiederum lieben zu können, ist eine große Lebenskunst, die leider nicht jedem Menschen gegeben ist.

Wer in seinen Kindertagen zu wenig Liebe erfahren hat, kann im Erwachsenenalter wenig Liebe empfinden und somit wenig Liebe weitergeben. Das ist ein sehr, sehr trauriger Teufelskreis. Doch es besteht Hoffnung. Es ist nie zu spät für die Liebe. Hat man den Mechanismus einmal erkannt, ist es möglich den Mangel an Liebe aufzuholen.

Unsere christliche Kultur ist sehr stark geprägt durch die Nächstenliebe. Sie zeichnet unsere Gesellschaft aus und ist fest verankert in unserem Wertekodex: Geben ist seliger denn Nehmen! – In dieser Aussage steckt ein großes Glücksreservoir. Es zeigt, welches Glück von Altruismus und Nächstenliebe ausgeht. Es ist der eindeutige Beweis dafür, dass es sich für uns lohnt, dass wir uns mit Nächstenliebe und dem Geben beschäftigen.

Was können wir alles geben? Es gibt so viele Möglichkeiten – natürlich können Sie Geld spenden und mit Geldgaben dafür sorgen, dass es anderen Menschen, die weniger haben als Sie selbst, etwas besser geht. Doch darüber hinaus gibt es viele andere Möglichkeit sich im Geben, im Helfen und Unterstützen zu verwirklichen.

Liebe zur Natur

Wir können und sollen die Natur lieben. Die Schöpfung ist ein hohes Gut, das wir achten und ehren sollen. Deshalb ist die Liebe zur Natur und ein Leben im Einklang mit der Natur eine große Quelle des Glücks. Gerade im Mai, wenn uns die Natur reichlich beschenkt mit einer fulminanten Blütenpracht, angenehm warmen Tagen und sattem Grün, sollten wir uns bei Mutter Natur revanchieren und uns um sie sorgen.

Meine Ideen:

- *Eine Müllsammelaktion:* Trommeln Sie Ihre Familie zusammen oder laden Sie Freunde ein, um eine Müllsammelaktion in der freien Natur zu veranstalten. Wie viel Müll können wir an einem Tag in unserer Gruppe sammeln? Sie können den Erfolg am Gewicht messen oder an der Anzahl der gesammelten Säcke sehen. Egal, wie Sie messen – wichtig ist, dass Sie sich an Ihrem Erfolg freuen. Stellen Sie sich vor, wie viel Müll am Ende im Meer gelandet wäre, wenn Sie nicht gesammelt hätten. Wie viele Schildkröten wären dadurch verletzt worden? Wie viele Fische? Wie viele Vögel? Es tut gut, Gutes zu tun! Feiern Sie gemeinsam mit Ihrer Sammeltruppe den Erfolg. Essen hält Leib und Seele zusammen und eine gemeinsame Party am Abend einer Unterstützungsaktion macht das Glück eines Hilfseinsatzes in Sachen Umwelt perfekt. Danach geht es ab in die Badewanne. Sie können stolz auf sich sein und sich über die Liebe zur Natur freuen, die Sie heute bewiesen haben.

- *Einsatz für Pflanzen und Tiere in Not in Ihrer Umgebung:* Natürlich ist es ein Unterschied, ob Sie in der Großstadt oder auf dem Land wohnen, in einer Mietwohnung oder einem Haus mit Garten. Egal, wie Sie wohnen, es gibt immer die Möglichkeit sich für die Natur aktiv einzusetzen. Menschen in der Großstadt, die in einem Wohnblock leben, können sich der Straßenbäume annehmen, die vor ihrem Haus stehen. Wenn im Sommer die Sonne so richtig auf den Asphalt knallt, sind die Bäume dankbar für jede Gießkanne, die ihren Durst erleichtert. Andere wiederum pflanzen Blühblumen in die Baumscheibe, um dafür zu sorgen, dass auch die Stadtbienen genug Nahrung haben. Gartenbesitzer wiederum sorgen in ihrem Garten für unberührte Ecken, die sie den Tieren »schenken«. Diese Ecken dienen Tieren als Unterschlupf. So geben Sie Igelfamilien, Insekten, Echsen und Ottern eine Heimat. Schauen Sie sich aufmerksam in Ihrer Umgebung um! Seien Sie kreativ! Was können Sie tun, um die Natur in Ihrem Umfeld zu schützen und zu unterstützen? Jede gute Tat kommt mehrfach in Form von guten Gefühlen und Lebensglück in Ihr Leben zurück.

Nächstenliebe funktioniert wie eine mathematische Glücksformel:

$$\text{Hilfe mit Gefühl multipliziert ergibt mehrfaches Glück}$$
$$\text{Hilfe} \times \text{Gefühl} = \text{Glück}$$

Je mehr Hilfe Sie bieten und dabei Ihrem Gefühl freien Lauf lassen, umso mehr Glück werden Sie empfinden. Eine wunderbare Formel, die allem und jedem zugutekommt.

Nun liegt es an Ihnen, viele Möglichkeiten zu entwickeln, wie Sie aus Ihrer persönlichen Umgebung eine Geburtsstation des Glücks schaffen.

Liebe zu den Menschen

Neben der Natur gibt es auch viele Menschen, die unsere Unterstützung brauchen. An erster Stelle steht natürlich immer unsere Familie. So viele von uns brauchen ihre ganze Kraft für die eigene Familie. Da sind die Kinder, der Partner, die Eltern und Schwiegereltern, Tanten, Onkel. Da sind unsere Empathie und Unterstützung sehr gefragt.

Care-Arbeit ist ein wichtiger Bestandteil unserer Gesellschaft. Leider wird sie wenig wertgeschätzt. Das soll jedoch heute nicht das Thema sein. Wir wollen heute darüber sprechen, wie Sie aus der Sorge und dem Umsorgen anderer Menschen Ihren eigenen Energiespeicher auffüllen und ein Glücksgewinner, eine Glücksgewinnerin werden. Sie meinen, das wäre ein Widerspruch in sich? Nein, ganz im Gegenteil. Denken Sie an unsere mathematische Glücksformel:

$$\text{Hilfe} \times \text{Gefühl} = \text{Glück}$$

Diese Formel ist unumstößlich und gilt. Das haben mathematische Formeln so an sich.

In diesem Zusammenhang ist es mir sehr wichtig, dass wir die Selbstliebe nicht vergessen. Wer viel gibt, muss sehr gut für sich sorgen. Sonst ist der Energiespeicher irgendwann leer und wir sind nicht mehr in der Lage zu helfen. So verlangt es schon die Fürsorge für andere, dass Sie sich erst mal um das eigene Wohlergehen kümmern. Daran hapert es ganz oft. Deshalb werde ich das immer wieder betonen. Wir können es nicht oft genug hören.

Schon in der Bibel steht: »Liebe deinen Nächsten wie dich selbst!« Das ist der Beweis dafür, dass Selbstliebe zwingend ist und die Voraussetzung für die Nächstenliebe.

Wer schon mal in einem Flugzeug geflogen ist, kennt die Durchsagen zu den Sicherheitshinweisen vor Abflug der Maschine. Dort gibt es eine Passage, in der die Flugbegleiter darauf hinweisen, dass bei Druckabfall im Flugzeug Sauerstoffmasken aus der Decke fallen. »Legen Sie erst Ihre eigene Maske an, bevor Sie mitreisende Kinder damit versorgen«, sagen die Flugbegleiter an. Dieser Sicherheitshinweis ist ein gutes Sinnbild für unseren Umgang mit Helfen und Nächstenliebe. Der Helfende kann nur helfen, wenn er die Kraft dazu hat. Deshalb ist es die höchste Fürsorgepflicht der Helfenden, sich um sich selbst zu kümmern.

Nächstenliebe muss immer selbstlos sein. Nächstenliebe wird automatisch »bezahlt« und »vergütet« mit Lebensglück und Lebensfreude. Eine andere »Währung« ist nicht erlaubt. Das ist wichtig zu erwähnen, weil wir es im Kontext mit dem Helfen oftmals mit dem sogenannten Helfersyndrom zu tun haben. Dabei geht es um zwanghaftes Helfen. Nicht die Hilfe zur Selbsthilfe steht im Vordergrund, sondern der Helfer nutzt die Hilflosigkeit der Hilfsbedürftigen aus, um sich selbst dabei zu erhöhen. Er braucht das Helfen, um sein mangelndes Selbstbewusstsein auszugleichen. Daraus können Abhängigkeiten entstehen, die uns allen nicht guttun.

Der bekannte Religionsphilosoph Erich Fromm hat dazu ein sehr wichtiges Buch geschrieben: »Die Kunst des Liebens«. Dieses Buch ist ein Klassiker und gehört zu den wichtigsten Büchern, die ich in meinem Leben gelesen habe. Erich Fromm beschreibt darin die Aspekte der Liebe, besonders auch der Mutterliebe, und stellt besonders heraus, dass wir nie das Recht haben, aus Liebe, die wir geben, Erwartungen abzuleiten. Wenn wir geben, dann geben wir gerne. Sobald wir das Geben damit verquicken, dass wir eine Gegenleistung wollen, kommt es zu großen Verwirrungen in den Beziehungen und das tut uns nicht gut.

Dazu gehört im Übrigen auch, dass wir die Kinder ihre eigenen Wege gehen lassen.

Wenn die Kinder aus dem Haus sind, wird es für manche Mütter und Väter schwierig, zurück zu einem eigenständigen Leben zu finden. Aber auch manche Singles tun sich schwer, Anschluss zu finden. Die Einsamkeit ist ein großes Problem in unserer Gesellschaft geworden und viele Menschen sind davon betroffen und leiden darunter. Unter Einsamkeit leiden nicht nur Seniorinnen und Senioren, sondern alle Altersgruppen.

Auch im Falle von Einsamkeit kann ich nur raten, sich zu überlegen, wo und wie Sie andere Menschen unterstützen können.

Hier zwei Beispiele

- *Lesepaten:* In den Schulen werden dringend Lesepaten gesucht. Sie unterstützen Kinder zusätzlich zum Unterricht dabei das Lesen zu lernen. Das ist eine sehr sinnvolle Angelegenheit, die den Kindern und den Unterstützenden großen Spaß macht.
- *Leih-Opa/Leih-Oma:* Das ist ein toller Job für Seniorinnen und Senioren, die Zeit haben, um Familien mit Kindern außerhalb der Kita-Öffnungszeiten bei der Kinderbetreuung zu unterstützen. Vor allem alleinerziehende Mütter oder Väter brauchen diese Hilfe so dringend. Die Lebensfreude der Kinder ist ansteckend und legt sich direkt in die Seelen der Helfenden. Wie schön das ist und welch ein großes Glück. Wieder einmal geht unsere mathematische Formel perfekt auf.

Und nun sind Sie an der Reihe, sich aus den aufgezeigten Unterstützungsvorschlägen den für Sie passenden auszusuchen oder meinen Impuls aufzugreifen und eigene Ideen zu entwickeln. Jetzt gibt es keine Ausreden mehr für Einsamkeit oder Traurigkeit. Sie kennen die Glücksformel. Sie kennen die Zusammenhänge der Glücksklee-Strategie. Sie kennen die Rolle, die die Beschäftigung mit den Sinnen dabei spielt.

Nun ist es IHRE ENT-SCHEIDUNG glücklich zu werden und der Lebensfreude die Türe zu Ihrem Herzen und Ihrer Seele ganz weit zu öffnen. Sobald das Tor geöffnet ist, findet das Glück den Weg ganz von allein zu Ihnen. Also! Türklinke in die Hand nehmen und nach unten drücken. Es ist so einfach!

Viel Glück und viel Spaß beim Helfen und Unterstützen.

Gute Taten und freundliche Worte bauen eine Straße des Glücks – von mir zu dir.

Das Herz einer Mutter ist unersetzlich

von Schwester Teresa Zukic

Meine liebe Mitautorin Eva-Maria hat nicht nur die Liebe in den Mittelpunkt des »üppigen« Monats Mai gestellt, sondern uns ganz viele Möglichkeiten aufgezeigt, den Mai mit einer tätigen Liebe zu verquicken. Für uns Katholiken ist der Marienmonat Mai ein Höhepunkt im Jahr, in dem eine ganz besondere Frau und Mutter gewürdigt wird. Die Verehrung Mariens als Jungfrau und Gottesmutter geschieht vor allem in speziellen Wortgottesdiensten oder in beliebten Maiandachten.

Vielerorts wird im Mai ein Marienbild oder eine Marienstatue besonders mit Blumen geschmückt. Und wir alle feiern auf unsere Weise unsere eigene Mama am offiziellen Muttertag. Wie schön es ist, noch eine Mama zu haben! Manche müssen leider ohne sie weiterleben und vermissen sie sehr. Das Herz einer Mutter ist eben unersetzlich, egal wie alt man ist.

Christi Himmelfahrt ist auch ein wichtiges Fest für uns, inzwischen aber oft im Schatten des »Vatertags«, der als Brückentag immer mehr Bedeutung gewinnt.

Wie gerne würde ich meinen vielen lieben evangelischen Fans und manchen Katholiken, die sich mit der Marienverehrung schwertun, erklären, dass wir nicht Maria anbeten, sondern eine junge Frau bewundern, die den Mut hatte, sich auf das größte Abenteuer der Menschheit einzulassen: den Sohn Gottes zur Welt zu bringen. Man vermutet, dass Maria zwar schon mit Josef verlobt war, aber erst 12 oder 13 Jahre alt gewesen ist, als der Engel in ihr Leben einbrach, ihr mit der unvorstellbarsten Botschaft »erschien« und sie mit ihrem Namen ansprach. »Sei gegrüßt, Maria. Der Herr ist mit dir. Er hat dich unter allen Frauen auserwählt.« Kein Wunder, dass sie erschrickt und sich fragt, was das um Gottes willen bedeuten soll. Der Engel muss wohl sehr sanft und liebevoll weitergesprochen haben: »Hab keine Angst, Gott hat dich zu etwas Besonderem auserwählt«. Wie gewaltig! Er kommt dann aber gleich zur Sache. »Du wirst schwanger werden und einen Sohn zur Welt bringen. Jesus soll er heißen. Er wird mächtig sein, und man wird ihn Sohn des Höchsten nennen. Gott, der Herr, wird ihm die Königsherrschaft seines

Stammvaters David übergeben, und er wird die Nachkommen von Jakob für immer regieren. Seine Herrschaft wird niemals enden.«

Diese junge Maria begreift gleich, dass das nicht mit rechten Dingen vor sich gehen kann. »Wie soll das geschehen? Ich habe noch nie mit einem Mann geschlafen?« Sie ist nicht auf den Mund gefallen. Der Engel erklärt es ihr, als wäre das die normalste Sache der Welt, und antwortet: »Der Heilige Geist wird über dich kommen, und die Kraft des Höchsten wird dich überschatten. Darum wird dieses Kind auch heilig sein und Sohn Gottes genannt werden.« »Na klar, der Heilige Geist wird über mich kommen, und Gottes Kraft schafft das?« Der Engel gesteht ihr einen Moment des Nachdenkens zu und erinnert sie daran, dass ihre Verwandte Elisabeth im sechsten Monat schwanger ist und im hohen Alter einen Sohn empfangen hat, obwohl sie als unfruchtbar galt. Medizinisch unmöglich, aber der Engel bekräftigt alles mit dem schönsten Satz der Bibel: »Für Gott ist nichts unmöglich«. Natürlich: Wer das ganze Universum erschaffen kann, aus einem Samenkorn einen prächtigen Baum wachsen lässt, wieso soll für Ihn irgendetwas unmöglich sein? Dieses junge Mädchen gibt ihr Einverständnis. Das größte Ja der Menschheitsgeschichte. »Ich bin die Magd des Herrn, mir geschehe, wie du es gesagt hast.« Was für ein Mut? Was für einen Glauben hat dieses junge Menschenkind? Sie kann nicht mehr zurück. Zum Glück übernimmt der Himmel es auch, ihrem Verlobten Josef im Traum das zu verklickern. Josef glaubt dem Engel und nimmt Maria als Frau an, ansonsten hätte ihr damals als Strafe die Steinigung gedroht. Von einer Hochzeitsfeier wird nichts berichtet.

Maria muss etwas außerordentlich Besonderes gewesen sein. Ich kann sie mir nur als liebenswürdig, schön und mutig vorstellen. Rein und gottesfürchtig, aber ebenso stark und außergewöhnlich. So außergewöhnlich, wie es sonst keine Frau je gegeben hat oder geben wird. Jesus hatte eine junge, starke Mutter gehabt, die das Schlimmste erleben musste, was eine Mutter erleben kann. Wie ihr geliebtes Kind mit 33 Jahren auf fürchterlichste Weise starb und sie nach seinem Kreuzestod seinen geschundenen Körper in ihren Armen hielt. Aber sie hatte wohl auch das Privileg, 30 Jahre diesen Sohn an ihrer Seite zu haben, Tag und Nacht, bis er loszog, die Welt zu retten.

Und die neun Monate in ihrem Mutterleib? Neun Monate sind fast ein ganzes Jahr – verbunden an der 50–60 cm langen Nabelschnur. Das ist wohl eine Meisterleistung des Schöpfers, das Band des Ungeborenen zu seiner Mutter. Diese besondere Verbundenheit besteht ein Leben lang und darüber hinaus. Eine Mutter entwickelt eine solch tiefe Bindung zu ihrem Kind, ein

Liebeshormon, eine bedingungslose Liebe. Sie darf vom ersten Moment an miterleben, wie ihr Baby wächst und sich entwickelt. Hätte der Sohn Gottes nicht in einem Palast geboren werden sollen? Nein, das war keine idyllische Beziehung zweier Liebenden, die Schwangerschaft, die Geburt in einem schmutzigen Stall und die Flucht kurz nach der Geburt ins Ausland. Es war keine Bilderbuchfamilie. Die sozialen Umstände waren schwierig, weil römische Besatzer im Land waren und man sich in Listen einzutragen hatte. Der Ritt auf einem Esel auf den steinigen Wegen als Hochschwangere runter nach Betlehem in die Geburtsstadt des Mannes. Die Herbergssuche und das Gefühl abgelehnt zu werden, wo doch in jedem Moment das Kind kommen könnte. Der Stall. Die Geburt. Hirten, denen auch ein Engel erschienen ist, die zu Besuch kommen, Weise oder Könige mit kostbarsten Geschenken, die einem Stern folgten. Ein König, der einen Kindermord befahl aus Angst und Eifersucht. Plötzlich sind sie Flüchtlinge, diesmal auf der Flucht vor den Verbrechern des Herodes und wieder sind sie auf einem Esel unterwegs in ein fremdes Land. Bis hin nach Ägypten.

Dann zurück, aufwachsen in Nazareth, in einer Schreinerei. Und bald musste Maria als Alleinerziehende dieses besondere Kind großziehen. Sie musste ihn waschen, ihm mit seinen kleinen Händen das Beten erlernen, Schabbat feiern. In die Synagoge gehen.

Ich kann mich nur wiederholen. Ich bewundere Maria. Ich verehre sie, ich liebe sie.

Niemand war Jesus so nah wie seine Mutter. Niemand kannte Ihn so, wie seine Mutter. Niemand litt so sehr wie seine Mutter. Sie forderte ihren Sohn auf, die Hochzeit zu retten, bei der sie eingeladen waren, als der Wein ausging. Und ihr Sohn tut es. Er verwandelt Wasser zu Wein.

Sein erstes Wunder. Wie sympathisch. In so vielen Wallfahrten und Andachten zu Ehren Mariens wird das Leben Jesu beleuchtet; ebenso im speziellen Gebet des Rosenkranzes. Er ist eine Meditation, um sein Leben zu betrachten.

Viele Bitten werden der Mutter Gottes übergeben. Weil wir schon als Kinder oft lieber zur Mama gegangen sind als zum strengeren Papa. Und vielleicht flüstert sie ihrem Sohn zu: »Sie haben keinen ...« Sie haben etwas nicht mehr, was wir brauchen. Und wenn man als Kind schon früh seine Mutter verloren hat, übernimmt die Mutter Gottes gerne ihren Platz. Sie segnet uns, wie es eine Mutter eben nur kann.

Weil sie alles für ihr Kind oder ihre Kinder geben würde. Alles, wirklich alles. Keine Mühe, keine Anstrengungen, kein Opfer ist zu groß. Das Herz einer Mutter ist unersetzlich, unbezahlbar, unverzichtbar.

Für mich ist jeden Tag Muttertag, wenn ich an meine Mama denke. Sie sagte mir: Als sie erfuhr, dass sie mit mir schwanger war, hat sie mich vom ersten Moment an närrisch geliebt und gewollt. Das durfte ich mein ganzes Leben spüren. Sie liebte mich auf ihre ganz besondere Weise. Sie erzog mich zur Wahrhaftigkeit und zur Großzügigkeit. Sie ermöglichte mir eine traumhaft behütete Kindheit und erfolgreiche Sportlerjahre.

Immer ließ ich mir zu ihren Geburtstagen oder am Muttertag verrückte Dinge einfallen. Sie arbeitete den ganzen Tag in der Sparkasse und weil ich abends Training hatte, konnte es passieren, dass ich ein Transparent auf der Straße vor ihrem Fenster ausrollte. Plötzlich schauten die Mitarbeiter alle aus dem Fenster raus. Ich schmunzle heute noch, weil man mich erst für eine Demonstrantin hielt und es bis zum Chef ging. Aber auf dem Transparent stand nur: »Happy Birthday allerbeste Mama der Welt.« Dann stieg ich wieder auf mein Rennrad und fuhr zum Training. Wie oft staunten ihre Kolleginnen und waren entzückt, was ich mir wieder hab einfallen lassen. Oder als ich einen riesigen Herzluftballon mit Gas füllte und mit einem Band zu ihrem Fenster im dritten Stock fliegen ließ. Das Problem war nur, dass der Wind den Herzballon auf die Straße trieb, sodass ich kurz für ein Verkehrschaos sorgte. Aber niemand hat gehupt. Alle schmunzelten wohl, weil eine Ordensschwester mit einem Riesenballon kämpfte. Am Ende funktionierte es doch. Einmal sollte sie sich schick anziehen, denn meine Tante und mein Onkel waren in Deutschland zu Besuch. Ich gab ihnen die Anweisung, dass sie geschniegelt um 18 Uhr zu Hause warten sollten. Als ich ankam, stiegen alle ins Auto. Ich fuhr durch Weinheim und bemerkte, dass ich zu Hause was vergessen hatte. Also zurück. Meine Gäste waren nicht begeistert, als ich dann alle bat, wieder auszusteigen. Wir waren angekommen. Inzwischen hatten meine Cousine und mein Bruder alle Köstlichkeiten, die ich mitgebracht hatte, aufgetischt und den Tisch herrlich gedeckt. Was hatten wir dann zu Hause einen Spaß. Zu ihrem 50. Geburtstag sollte sie am Frankfurter Flughafen mit ihrem Köfferchen warten. Sie wusste nicht, wohin es ging, und ich hatte einen Städtetrip nach Paris gebucht. Ein Mutter-Tochter-Wochenende in Paris. Zwei Jahre musste ich das Wochenende freihalten, finanziert von meinem ersten Buchhonorar. Doch was hatte sie mir meine ganze Kindheit hinweg Gutes getan? Große Geschenke wollte meine Mama nie, sie liebte meine persönlichen Worte und Karten und verrückten Ideen.

»Meine geliebte einzigartige Mama, ich bin stolz darauf, Deine Tochter zu sein.
Wie muss Gott mich lieben, dass ich im Rhythmus Deines liebenden Herzens heranwachsen durfte? Was ich bin, verdanke ich Deiner großen freiheitlichen Erziehung, Deiner Liebe

zur Wahrhaftigkeit und Deiner Energie, die Dinge zu vollenden, die man begonnen hat. Deine sanfte, behutsame Zärtlichkeit hat in mir ein Meer vom Gefühl des Geliebtseins wachsen lassen und Du hast diese Liebe in mir eingepflanzt, und du hast das Beste in mir geweckt, selbstbewusst und dankbar durch dieses Leben zu gehen. Du hast Deine wahre Größe gezeigt, als Du mich meinen Weg gehen ließest, mich ganz Gott zu schenken, obwohl Du Dir Großes und Schönes für mich erwartet hast. Du glaubst mir inzwischen, dass ich das Beste, Größte und Schönste im Leben gefunden habe, im Dienst an Gott und den Menschen. Dafür danke ich Dir. Ich liebe Dich. Deine Tochter.«

Diese Gedanken poste ich auch öffentlich. Aber ich habe auch einen Text für alle anderen Frauen zum Muttertag:

»Ich weiß, Ihr braucht diesen Tag nicht, denn für Euch ist jeder Tag Muttertag,
Ihr seid für Eure Kinder und Familien da, egal wie alt die Kinder sind.

Ich danke Gott für Euch. Danke aber auch für alle mütterlichen Menschen, die für andere da sind. Ich bete vor allem für

… alle Alleinerziehenden.

… alle, die um Kinder trauern.

… alle, die sich verzweifelt nach Kindern sehnen.

… alle, die keinen Kontakt mehr zu ihren Kindern
haben dürfen.

… alle, die ein Kind angenommen haben.

… alle, deren Mütter schon im Himmel sind.

… alle Väter, die Mütter sein müssen und trauern.

Ich freue mich mit allen, die heute glücklich sind und möchte dieses Glück teilen. DANKE besonders der Mutter Gottes.

DANKE Mama.

Wir sollten an jedem Tag unseres Lebens unseren Müttern danken oder ihnen ein liebes Wort sagen. Wie hat mich meine Mama während meiner Krebserkrankung betreut und geliebt! Und gelegentlich begleitet sie mich mit ihren 78 Jahren zu Vorträgen. Mögen wir noch viele gemeinsame Jahre miteinander haben. Wir verlieren nur einmal unsere Mama. Aber niemand kann uns nehmen, was uns miteinander verbindet. Über den Tod hinaus in Ewigkeit

Danke Mama, dass es Dich gibt.
Ich bin und bleib in Dich verliebt.

Ich bin Dein Kind für alle Zeit.
Dein Kind in alle Ewigkeit.

Hab heute einen frohen Tag
und tausend Mal ich es Dir sag:

»Ich liebe Dich«, Du Diamant,
den Gott für mich auf Erden fand.

Deine Tochter

Teresas Mai-Rezept

Dattelpralinen von Teresa zum Muttertag

ZUTATEN

- 80 g gehackte Nüsse geröstet
- 1 EL Amaranth
- 200 g Datteln
- 2 EL Mandelmus
- 40 g Hafermehl
- 1 TL Gewürzmischung Pumpkin-Spice selber machen (4 TL gemahlener Zimt, 2 TL gemahlener Ingwer, 1 TL gemahlene Nelke, 1 TL gemahlener Muskat, ½ TL gemahlener Piment, ¼ TL gemahlener Kardamom, ¼ TL gemahlener Kurkuma)
- 200 g verschiedene Kuvertüre
- Geröstete Kürbiskerne oder Pistazien
- 1 Prise Liebe ❤

Zubereitung

1. Datteln, Hafermehl, Mandelmus, 80 g Nüsse und Amaranth mit den Gewürzen mit der Gabel mischen, damit ein fester Teig entsteht. Mit einem Teelöffel kleine Bällchen formen und diese für 25 Minuten im Tiefkühler aushärten lassen.
2. Die Kuvertüre über einem Wasserbad schmelzen und die abgekühlten Pralinen mit der Schokolade überziehen.
3. Geröstete Kürbiskerne oder Pistazien auf den Schokomantel der Praline setzen.
4. Warten bis die Schokolade fest ist und Pralinen in Pralinenförmchen anrichten.

TIPP: Wenn Sie statt Nüssen 80 g Kürbismus verwenden (Kürbis weichkochen und pürieren), wird es für den Herbst ebenso eine Gaumenspeise

Platz für eigene Gedanken

Juni

Der Monat der Frauen und des Lichts

von Eva-Maria Popp

Benannt ist der Juni nach der römischen Göttin Juna bzw. Juno. Sie ist die Göttin der Frauen und der Familie. Sie schützt die Beziehung zwischen den Partnern sowie die Mütter. Als Ehefrau von Jupiter ist sie die Königin der Göttinnen.

Außerdem zeichnet sich der Juni durch ein »mehr an Licht« aus. Die Tageslänge erreicht in diesem Monat das Maximum.

Das viele Licht der langen Tage erfreut die Seele der Menschen. In dieser Zeit wird besonders gerne gefeiert und alte Brauchtümer werden gepflegt. Besonders gefällt mir, dass bei diesen Festen immer wieder alte Handwerkstraditionen gezeigt werden, wie zum Beispiel das Brotbacken im Holzofen oder das Beschlagen von Pferden. Im Gebirge sind besonders die Almauftriebe interessant. Das Erinnern an frühere Zeiten, als die Handarbeit das Leben bestimmte, stellt eine wichtige »Lehrstunde« für uns dar, dass es eine Zeit vor dem digitalen Zeitalter gab.

Besonders anregend und energievoll sind die Tage um den 21. Juni, das Datum der Tag- und Nachtgleiche und Sommersonnenwende. Wie in früheren Zeiten begehen die Menschen auch heute noch vielerorts dieses Himmelsereignis mit Johannifeuern. Diese erinnern an die alten Zeiten, als die Sonnenwende große mystische Bedeutung hatte. Um die Bedeutung des Lichts für die Menschen zu verstehen, muss man sich etwas in die früheren Zeiten zurückversetzen. Stellen Sie sich ein Leben ohne elektrischen Strom und ohne Heizung vor. Da werden das Leben und der Lebensrhythmus natürlich ganz anders wahrgenommen und haben existenzielle Bedeutung. Das Wohlergehen der Menschen und ihrer Familien war abhängig von der Natur, von Witterung, Wind und Wetter und natürlich von den Jahreszeiten.

Unter diesem Gesichtspunkt wird es deutlich, welche Bedeutung die besonderen Tage im Jahreszeitenzyklus für die Menschen hatten. Der Verlauf der Sonne und des Mondes und die immer wiederkehrenden Jahreszeiten waren der einzige Anhalts- und Orientierungspunkt. Es gab lange Zeit keine Uhren. Das Kalendarium war nicht allen Menschen zugänglich.

Deshalb sind wir modernen Menschen über die transgenerationalen Prägungen, die sich über viele Generationen und einen langen Zeitraum hinziehen, immer noch ansprechbar und zugänglich für die besonderen Brauchtums- und Festtage. Es ist schön zu sehen, dass besondere Tage wie die Sommersonnenwende und die Johannifeuer an vielen Orten in unserem Land gefeiert werden.

Ein kleines Ritual zur Sonnenwende

Ich persönlich nutze besonders die Tage um die Sommersonnenwende, wenn eine Veränderung bei mir ansteht. Machen Sie sich die Kraft der Sonnenwende zunutze, wenn Sie etwas verändern wollen. Diese Zeit unterstützt Veränderungsprozesse besonders intensiv.

Ich liebe mein Ritual des Verbrennens. Wenn ich etwas Störendes loswerden will, dann schreibe ich es auf oder male es. Mit viel »Schmackes« zerknülle ich das Papier und übergebe es dem Feuer. Dieses Ritual wirkt das ganze Jahr über. Doch zur Sonnenwende empfinde ich es als noch wirksamer. Ich kann nur sagen: kleine Ursache, große Wirkung! Dieses Ritual mache ich auch gerne mit meinen Enkelkindern, wenn diese wieder mal von Sorgen geplagt werden – wenn sie jemand geärgert hat, wenn es in der Schule nicht so läuft, wenn der Freund oder die Freundin sich anderen Kindern zuwendet. Auch unsere Kinder haben Sorgen, auch wenn wir uns das oft nicht vorstellen können, weil sie uns im Vergleich zu den existenziellen Sorgen, von denen wir geplagt werden, nicht ins Gewicht fallen. Doch für die Kinder ist es sehr wichtig, dass wir uns für ihre Sorgen interessieren und sie ernst nehmen. Das schenkt ihnen Vertrauen im Leben und die prägende Erkenntnis, dass man niemals im Leben alleine ist. Unglaublich wichtig und erleichternd. Weil geteiltes Leid eben nur halbes Leid ist.

Und schon bin ich beim zweiten Teil der Bedeutung des Junis angelangt, bei der Familie, die oftmals von uns Frauen getragen und zusammengehalten wird.

Die Familie zu managen ist eine Mammutaufgabe. Alle unter einen Hut zu bringen, alle Wünsche und Bedürfnisse zu erkennen und zu erfüllen, wenn es möglich ist. Alle Sorgen und Nöte zu hören und den Versuch zu unternehmen, sie abzustellen. Alle Konflikte zu schlichten und zu glätten. Krankheiten, auch seelische, erkennen und Hilfe holen. Die Sorge um das liebe Geld, den Einkauf stemmen, die Termine koordinieren, kochen, backen, putzen, die Senioren betreuen, die Hausaufgaben der Kinder beaufsichtigen, »Taxi Mama« und »Hotel Mama«, an die Geschenke für den Kindergeburtstag denken, die Arzttermine koordinieren, Jubiläumsfeiern organisieren, Einladungen schreiben, kleine Wunden verarzten, Tränchen trocknen… Puh, jetzt wird mir ganz schwindelig. Wie schaffen Mütter das? Wie schaffen Frauen das alles? Und dann noch die Anforderungen am Arbeitsplatz. Hut ab, meine Damen. Das ist ein »dolles Ding«.

Da dürfen wir uns schon mal selber loben. Das ist unglaublich wichtig, dass wir selbst anerkennen, was wir alles leisten. Und nun kommt eine wichtige Botschaft. Es muss nicht alles perfekt sein. Es genügt, wenn, wir alle Anforderungen unter einem Hut vereinen. Wenn dann die eine oder andere störrische Locke unter der Hutkrempe hervorguckt, dann ist das sehr sympathisch! Viel sympathischer als der perfekte Style.

Der Anspruch zur Perfektion ist der Fluch, den wir uns selbst auferlegen, und nimmt dem Leben die Leichtigkeit. Deshalb bin ich ein Fan der 80/20 Regel. Wenn wir unsere Aufgaben zu 80 Prozent erfüllen, dann ist es genug. Um die restlichen 20 Prozent des Erfüllungsgrades zu erreichen, müssten wir den Energieeinsatz um 80 Prozent erhöhen. Da steht der Einsatz in keinem Verhältnis zum erarbeiteten Ergebnis. Das wäre sehr ineffizient. Im Übrigen handelt es sich bei dieser Erkenntnis um eine allseits gültige Formel, die uns das Leben erleichtert. Sie wurde entdeckt von Vilfredo Pareto und ist als Paretoprinzip bekannt. Diese Formel kommt in der Managementlehre zur Anwendung. Was für die Arbeitsprozesse in großen Unternehmen gut ist, sollte für unser Haushaltsmanagement doch auch passen!

Ein kleines Beispiel zum Schmunzeln: Ein glänzender Fußboden, sauber bis steril, ist der Stolz vieler Hausfrauen. Deshalb hat sich ein besonderer Spruch entwickelt. Möchte man eine Hausfrau als besonders gründlich und perfekt betiteln, dann drückt man das mit folgendem Spruche aus: »Bei der könnte man vom Fußboden essen!« Ich weiß gar nicht, ob das ein Kompliment sein soll oder der Ausdruck für einen überbordenden Putzfimmel. Ich antworte mit meinen Worten: »Bei uns isst man vom Tisch und nicht vom Fußboden.«

Lassen Sie fünfe gerade sein. Wer so viele Aufgaben hat wie eine Hausfrau und Mutter, ganz egal ob sie zusätzlich noch arbeitet, muss Abstriche machen in der Ausführung. Warum? Weil der Tag nur 24 Stunden hat und der Aufgabenbereich, der ihr zugewiesen – von wem eigentlich? – einen Zeitumfang von mindestens 30 Stunden pro Tag hätte, einfach nicht zu bewältigen ist. Es muss gehandelt werden:

Wo kann eingespart werden? Welche Aufgaben müssen/können in Zukunft wegfallen? Oder: Wer kann mir helfen? Wer übernimmt welche Aufgaben? Wenn Sie nicht handeln und die Aufgaben neu verteilen, dann nenne ich das verantwortungslos.

Warum so harte Worte? Weil eine Überforderung einer Organisation irgendwann zusammenbricht, wenn die Überforderung anhält. Mit anderen Worten, wenn die Mutter ständig überfordert ist, dann bricht sie selbst und in der Folge die »Organisation Familie« auseinander. Mit allen negativen Auswirkungen. Das Lebensglück der einzelnen Familienmitglieder entschwindet in alle Himmelsrichtungen und dieser Prozess beginnt schon lange, bevor es zum großen Knall kommt. Wollen wir das? Nein, natürlich nicht. Tja, dann heißt es jetzt handeln!

Entmüllen Sie Ihren Aufgabenkatalog! Überlegen Sie gemeinsam mit den anderen Familienmitgliedern, wer welche Aufgaben übernehmen kann! Holen Sie Hilfe von außen dazu! Dieser Change-Management-Prozess in der eigenen Familie wird zur Entspannung von Konflikten und Problemfeldern führen, die wir oftmals nicht im Zusammenhang mit der Überforderung erkennen. Wenn Sie konsequent daran arbeiten, wird das »Leck der Lebensfreude und des Lebensglücks« gestopft und allmählich kehren diese beiden Säulen einer glücklichen Familie wieder zurück.

Viel Erfolg!

Glücklich ist, wer weiß, dass hinter jeder dunklen Wolke eine strahlende Sonne steckt.

Ausgegossen in unsere Herzen

von Schwester Teresa Zukic

Ist der Juni nicht ein klasse Monat? Die Tage sind lang, die Sonne geht früh auf und erst spät wieder unter. Am 21. Juni ist es ganze 17 Stunden hell. Für viele ist der Juni Badezeit und kulinarisch ist er das Hochfest der Beeren und des Eisschleckens. Seit meiner Chemo-Zeit bin ich süchtig nach Eis. Der Körper war überhitzt und die innerliche und äußerliche Kühlung half mir sehr. Ich liebe mein selbstgemachtes Wassermeloneneis oder meine Wassermelonensuppe. Herrlich. Schauen Sie sich das Rezept für diesen Monat an. Köstlich.

Im Juni ist mein absolutes Lieblingsfest, nämlich das Pfingstfest. Es ist nicht nur das Gründungsfest der Kirche, sondern auch der Kleinen Kommunität, die ich 1994, vor 31 Jahren, gründen durfte. Vor allem ist es aber das berauschende Fest des Heiligen Geistes. Yeah! Na klar, hier in Franken ruft im Juni »der Berg« und dann geht´s auch zum »Berg«. Die Bergkirchweih in Erlangen ist »eines der schönsten und ältesten Volksfeste der Welt«, so wird im Internet geworben. Seit 200 Jahren läuft das Volk zusammen, um zu feiern. Und das sei allen gegönnt, die dem Ruf zum Berg folgen. Ich bin da gewiss keine Spielverderberin. Auch ich feiere gerne das Leben. Wenn ich höre, »das Volk lief zusammen«, dann muss ich unweigerlich an das große Pfingstereignis vor 2000 Jahren denken. Plötzlich trauen sich die Jünger was, reden in fremden Sprachen, so dass Menschen sie verstehen konnten, sie sind beflügelt und ermutigt. Und man fragt sich, ob sie betrunken sind. Pfingsten ist das Fest des Heiligen Geistes. Verschlossene Türen öffnen sich, Angst weicht der Zuversicht, Erstarrtes wird lebendig. Das alles geschah durch das Wirken des Heiligen Geistes. Fünfzig Tage nach Ostern feiern wir Christen Pfingsten und wir gedenken der spektakulären Herabkunft des Heiligen Geistes auf die Jüngerinnen und Jünger Jesu, die sich versteckt hielten. Damit begann der Weg der Frohen Botschaft hinaus in die Welt. Sie geben Zeugnis von Jesus, der den Tod besiegt hat und als Auferstandener das Kommen des Geistes in der Welt ankündigt. Jesus wusste, wir können nicht ohne ihn sein, deshalb hat er uns den Beistand hinterlassen. Der Heilige Geist verwandelt Menschen, nimmt Ängste von ihnen, ermutigt sie und bringt Talente zur Entfaltung und zum Handeln. Vor allem liebe ich es, weil Pfingsten nicht nach den Pfingstferien endet, es geht täglich weiter, wenn man sich dafür entscheidet, mit dem Heiligen Geist eine Freundschaft fürs Leben einzugehen. Ich liebe diesen dynamischen Heiligen Geist. Er ist immer für eine Überraschung gut. Er ist die tiefe Erfahrung von Frieden und Nähe, gerade im Alltag, wenn es drunter und drüber geht. Es ist immer wieder spannend, zu erleben, wie mir der Heilige Geist Ideen schenkt, mich anstupst, wenn ich müde werde oder Angst bekomme, oder mir hilft, an das Gute zu denken und es zu tun. Manchmal ist er da in einem Gedanken, einem Wort, das mich selbst überrascht, einer kleinen Zärtlichkeit oder einem Lächeln. Da spüre ich, dass eine andere, unsichtbare Kraft mich bewegt, wo ich stur, jammernd und unbeweglich bin. Er ist dynamisch und scheu zugleich. Er will eingeladen sein und ist doch wie ein Fingerzeig: Schau auf Jesus, höre auf ihn, lern von ihm, folge ihm, diene ihm, liebe ihn. Frieden und innere Gelassenheit, eine Prise Humor und ein gutes Wort auf den Lippen sind seine Markenzeichen! Natürlich könnte Gott jetzt ein kleines Erdbeben machen, die Wände wackeln lassen und Ihnen die Zeitung, dieses Buch oder das Handy aus der Hand werfen. Nur mal so. Ich könnte mir Ihren Gesichtsausdruck gut vorstellen. In Wahrheit rechnen wohl die wenigsten damit, dass er eingreift. Dass Gott sich bei uns persönlich bemerkbar macht und das womöglich noch spektakulär, schließen wir aus, schließlich macht Gott das auch äußerst selten. Er mag die Menschen erstens nicht erschrecken und bewusst etwas zerstören oder ihnen etwas aus der Hand werfen. Das ist nicht seine Art. Mit Angst gewinnt man keine Herzen. Dennoch: Es ist gefährlich, um den Heiligen Geist zu beten! Denn was ist, wenn er wirklich kommt? Er könnte Ihr Leben verändern. Er könnte Sie lebendig und stürmisch machen und Sie aus der bequemen Zone Ihres Lebens herausholen. Sie heilen, Sie bewegen, Sie erfüllen. Der Heilige Geist schenkt Fantasie, Lebendigkeit, Freude und ist die Überraschung der Liebe. Wenn Sie sich auf die Suche nach dem Heiligen Geist machen möchten, lautet das kürzeste Gebet: »Komm, Heiliger Geist«. Probieren Sie dieses Gebet einen Tag lang aus. Vor jedem Ereignis, jedem Telefonat, vor jeder Begegnung – und lassen Sie sich überraschen.

Stellen Sie sich vor, jemand ruft am Sonntagnachmittag an und bittet Sie, in zehn Minuten eine Ansprache im 12 Kilometer entfernten Nachbarort zu halten. Sie sind weder zum Wegfahren angezogen, noch haben Sie eine Ansprache vorbereitet. So musste ich mich eines Tages überraschen lassen. Ein Pfarrer hatte mich drei Monate vorher angefragt, ob ich einen Impuls in der Adventszeit halten würde, aber ich zögerte zuzusagen, weil ich einfach schon zu viele

Vorträge angenommen hatte. Auch wäre das an einem Sonntag gewesen, an dem ich früher noch unser geniales Kinderabenteuerland hatte. Ich bat ihn, eine Mail zu schreiben, und sagte, dass ich mich melden würde, wenn ich es doch noch reinschieben könnte. Es kam aber keine Mail. Also war die Sache für mich erledigt. Ich machte am besagten Sonntag gerade auf meinem Sofa ein kleines Schläfchen, als ich das Telefon klingeln hörte und Pfarrer Franz die Treppe runterstürmte. »Was ist los?«, fragte ich. Er meinte: »Eine volle Kirche wartet auf Dich.« – Ich war geschockt und nahm das Gespräch an. »Aber Sie haben mir keine Mail geschickt, ich hatte doch gar nicht zugesagt?« Der Pfarrer am anderen Ende meinte ganz cool, er würde noch ein Gebet sprechen und die Orgel zehn Minuten spielen lassen und dann könnte ich ja da sein. »Über was soll ich denn reden, was haben Sie angekündigt?«, fragte ich entgeistert. »Geistige Mutterschaft.« Na toll, lieber Gott! Völlig unvorbereitet zog ich mich an und den Rest musste der Heilige Geist machen. Zeit für Notizen hatte ich nicht. Als wir auf die Landstraße bogen, versuchte ich mich etwas zu beruhigen. Pfarrer Franz suchte zehn Minuten später einen Parkplatz, als ich in die Sakristei stürmte und vom Pfarrer direkt zum Ambo durchgeschoben wurde. Tatsächlich eine volle Kirche.

Mein Einstieg war eine Begebenheit aus der Zeit, als ich im Kinderdorf arbeitete. Dort brachte ich abends den kleinen Sascha ins Bett und nach dem Abendgebet sagte er zu mir: »Teresa, ich bin so froh, dass Du keine Frau bist!« Ich lachte. »Aber wie kommst Du denn darauf?«, fragte ich ihn. Er sprach unbeirrt weiter. »Du bist eine Schwester und die lieben immer.« Sascha wurde von seiner Mutter weggegeben und er hatte Probleme mit weiblichen Erzieherinnen. Ich sprach von Geistiger Mutterschaft, auch wenn man keine eigenen Kinder hat. Von unserer »Mutter Kirche« und von der Jungfrau und Mutter Maria. Am Ende erzählte ich eine rührende Geschichte eines Augenzeugenberichtes, wo eine Frau einem barfüßigen Kind in New York Schuhe kaufte und er sie am Schluss fragte, ob sie die Frau vom lieben Gott wäre. Ich hatte diese Geschichte Tage vorher gelesen. »Wir brauchen derzeit viele Frauen und Männer Gottes«, sagte ich zum Schluss und als ich fertig war, gab es Applaus. Ich schwankte zum Sitz neben dem zufriedenen Pfarrer, der mich lachend anstrahlte und mir zuflüsterte: »Man merkt, Sie haben den Heiligen Geist!«. Ein »Vaterunser«, einen Segen und ein Trompetenstück später saß ich mit Pfarrer Franz wieder in meinem Auto. Wir starrten uns an. Die Tränen quollen mir aus den Augen. Er hatte die ganze Zeit mein Handy in der Hand, aber kein einziges Foto geschossen, wie er es gewöhnlich bei meinen Veranstaltungen macht. Er durchlitt mit mir diese Minuten und konnte nicht fassen, was ich alles gesagt habe. Nur langsam wich das Adrenalin aus meinem Körper. Nein, so einen Schrecken möchte ich nicht noch einmal erleben. Oder wollte Gott mich testen und mein Vertrauen prüfen? Ich weinte Freudentränen und dankte Gott und dankte dem Heiligen Geist. Doch, ja, ich möchte, dass der Heilige Geist kommt und wirkt und wenn Er mich dafür gebrauchen kann, dann bin ich bereit. Vielleicht nächstes Mal ohne diese Aufregungen.

Andreas Schätzle, der frühere Programmdirektor von Radio Maria in Wien, forderte mich auch schon mehrmals heraus. Einmal kam ich gerade aus der Dusche in einem Hotel und als das Handy läutete, sah ich, dass es der liebe Andreas war. Als ich ihn begrüßte, fragte er nur ganz hektisch, ob ich in 30 Sekunden ein Interview geben könnte. »Ja«, zögerte ich, »ok!« Die Verbindung mit seinem geplanten Interviewpartner aus einem fahrenden Zug war anscheinend gekippt. Aber nach dem Petrusbrief sollen wir ja stets bereit sein, »jedem Rede und Antwort zu stehen«, der nach unserer Hoffnung fragt. Also gab ich das Interview. »Komm, Heiliger Geist« ist für mich das kürzeste und intensivste Gebet. Es vergeht kein Tag, wo ich es nicht bete. Wenn ich bei Jugendlichen oder Firmgruppen oder in Schulen spreche, dann bitte ich meine jungen Zuhörer, es mit mir zu beten, und wir machen eine Litanei daraus. Ihr betet »Komm, Heiliger Geist« und ich nenne Situationen: »Wenn meine Mutter nervt, dass ich mein Zimmer nicht aufgeräumt habe«. Alle: »Komm, Heiliger Geist«. »Wenn meine Geschwister mich ärgern«. »Wenn ich die Matheaufgabe nicht verstehe«. »Wenn ich gelogen habe«. »Wenn ich ängstlich bin«. »Wenn die Predigt langweilig ist«. »Wenn kein W-Lan da ist«. Und ich ermuntere sie dazu, sich auf diesen Heiligen Geist einzulassen. Das kürzeste Gebet hat mir persönlich schon oft geholfen. Vor allem kommt der Heilige Geist ganz anders, als wir zu denken und zu glauben wagen oder es unser Vorstellungsvermögen fassen kann. Ich glaube, die meisten Erwachsenen wären erschrocken und eingeschüchtert, wenn der Heilige Geist plötzlich auftauchen würde, vor allem die, die nie mit ihm rechnen, und vor allem jene, die behaupten, ihn genau zu kennen. Er ist immer für eine Überraschung gut.

Das wäre doch mal ein Juni-Vergnügen. Bevor Sie ans Telefon gehen, den Tag oder die Arbeit beginnen, beim Autofahren, einkaufen oder gerade jetzt ganz bewusst »Komm, Heiliger Geist« zu beten«. Gott schenkt seinen Heiligen Geist nicht nur einzelnen Auserwählten, sondern jedem Gläubigen, der sich für ein Leben mit Christus entscheidet. Wie sehr wünschte ich mir, wir wären alle Feuer und Flamme für den Heiligen Geist, denn er gilt als göttliche Kraft der Veränderung. Er ist für unsere Augen unsichtbar. Aber schon immer versuchten die Christen durch

Symbole ihn begreiflich zu machen. Die Taube ist ein solches Symbol. In der Antike stand die Taube als Symbol für Sanftmut und Liebe. Und ich krabble gedanklich gerne unter die Flügel einer Taube. Mögen unsere Herzen immer mehr erfüllt werden mit Sanftmut und Liebe und dem Heiligen Geist.

Komm, Heiliger Geist, ich bitte Dich,
zu allen Menschen und auch mich.

Erfüll mit Mut und neuer Kraft,
uns alle hier mit Leidenschaft.

Tröste, heile, birg das Herz,
vor allem Leiden, allem Schmerz.

Lass mutig uns und liebend sein,
einander helfen, sind nie allein.

Teresas Juni-Rezept

Sommerrollen

ZUTATEN

für die Füllung
- 1 Salatgurke
- 2 bis 3 Karotten
- 100 g Rotkohl
- 100 g Glasnudeln
- 2 Frühlingszwiebeln
- ½ Bund frische Minze
- Sesamkörner geröstet, Schwarzkümmel
- 20 x rundes Reispapier, 22 cm Durchmesser
- Schüssel lauwarmes Wasser
- Küchentuch
- 1 Prise Liebe

für die Erdnusssauce
- 60 g Erdnussbutter
- 2 EL Agavendicksaft oder Honig
- 2 EL Sojasoße
- 1 EL Sesamöl
- 1 TL Ingwer
- 1 bis 2 Knoblauchzehen
- 2 TL Siraracha (Chilisoße)
- Limette oder Zitrone

Zubereitung

1. Gemüse und Kräuter waschen und trocken tupfen. Paprika, Salatgurke, Karotten und Frühlingszwiebel in dünne Stifte schneiden. Kerne der Gurke entfernen.
2. Rotkohl dünn raspeln. Minzblätter von den Stielen abzupfen.
3. Glasnudeln mit kochendem Wasser übergießen und 10 Minuten einweichen, anschließend in einem Sieb abtropfen lassen und mit einer Schere kleinschneiden.
4. Ein nasses Küchentuch auf ein Schneidebrett vor sich ausbreiten. Immer zwei Reispapierblätter in das lauwarme Wasser für 10 Sekunden eintauchen und auf das nasse Tuch legen. Das Reispapier muss weich sein. Ich lege gleich zwei Reispapiere aufeinander, dann reißen sie nicht so schnell. Glattstreichen.
5. In die Mitte des Reispapiers ein großes oder zwei kleine Minzblätter nebeneinanderlegen. Darauf zuerst etwas Glasnudeln legen, jewoils 2 bis 3 Stifte vom Gemüse platzieren und als letzte Schicht etwas Rotkohl legen.
6. Die Seiten vom Reispapier einschlagen und die Rolle fest zusammenrollen.
7. In der Mitte durchschneiden und auf einer Platte anrichten. Die Sauce mit auf die Platte platzieren.
8. Alle Rollen und die Sauce mit Sesam und Schwarzkümmel bestreuen.

Rezept aus: Teresa Zukic / Jalid Sehouli, Himmel im Mund, © Verlag Herder GmbH 2022

Platz für eigene Gedanken

Juli

Ferienzeit

von Eva-Maria Popp

Der Juli ist ein besonders angenehmer Monat. Benannt ist er nach Julius Caesar. Die Natur explodiert, alles wächst und gedeiht und steht in vollem Saft. Im Althochdeutschen wird der Juli auch Heuet, Heuert oder Heumonat genannt, da im Juli die Heuernte beginnt. Andere alte Namen für den Juli sind Beeren- oder Honigmonat.

Gerade die Ernte der vielen Obst und Beerensorten, die im Juli reif werden, kann viele Sinneseindrücke liefern. Erfrischende Cocktails aus einer Mischung von Prosecco und frisch geernteten Johannisbeeren sind der krönende Abschluss eines lauen Sommerabends und verwöhnen den Gaumen. Das sind Erlebnisse, die mit wenig Aufwand große Glücksgefühle auslösen können, wenn wir gelernt haben, uns über Alltagssituationen zu freuen. Ich finde das sehr, sehr wichtig, weil viele kleine Glücksmomente, eingebaut in den Lebensalltag, in der Summe das große Glück ergeben.

Wie oben schon erwähnt ist im Juli Halbzeit im »Jahresrennen«. Deshalb beginnt im Juli die Ferien- und Urlaubszeit. Es ist die Zeit, auf die wir uns das ganze Jahr freuen. Leider haben wir verlernt, uns Zeit zu nehmen und rechtzeitig aus dem Schwungrad der Lebensaktivitäten auszusteigen. Deshalb widme ich das Julikapitel einer kleinen philosophischen Reise über die Zeit.

Die Zeit drängt unaufhaltsam voran. Wir können sie nicht festhalten und nicht zurückdrehen. Zeit ist immer auch von unseren subjektiven Empfindungen abhängig.

Wir leben in einer Zeit, die hauptsächlich geprägt ist von unserer Uhr und Termindruck. Durch E-Mail und Smartphone sind wir permanent erreichbar. Die sozialen Medien und die Flut an Nachrichten, die wir auf allen Kanälen einsehen können, bringen oftmals das Fass zum Überlaufen. Hatten wir früher Reaktionszeit über den Postweg, muss heute alles ganz schnell gehen. Tempo heißt die Devise. Dies erhöht unser ganzes Lebens-, Erlebens- und Erlebnistempo bis hin zu unserem Puls und unserem Herzschlag. Das sind einschneidende Veränderungen in unserem Leben. Daran wird deutlich erkennbar, wie wichtig es ist, wenigstens in der Freizeit einen Gegenpol zu setzen. Deshalb lohnt es sich, den Begriff Freizeit genauer zu analysieren und zu erkennen, was er wirklich bedeutet.

Freizeit heißt nichts anderes als freie Zeit. Freie Zeit nur für die Seele, freie Zeit nur für den Körper, freie Zeit nur für unser Hobby, freie Zeit nur für die Musik, freie Zeit nur fürs Nichtstun. Wie sieht jedoch unsere sogenannte Freizeit aus? Der Begriff ist für die meisten von uns eine Lüge und sollte eher Beschäftigungszeit heißen. Wir laufen und hören dabei Musik mittels Handy. Wir tun angeblich nichts außer Fernsehschauen und so weiter. Wir sitzen in der Zeitfalle, die sich über Jahrtausende angebahnt hat und immer schneller zuschlägt. Das Phänomen Zeit ist ein dehnbarer Begriff und grundsätzlich nur subjektiv erlebbar. Bestimmte zu Beginn der Menschheit unmittelbar der Gang der Gestirne die Zeit des Menschen, gibt es einen ersten Eingriff in das Zeitgeschehen, seit es Feuer gibt. Dies veränderte erstmals das Nachtverhalten und machte es den Menschen möglich, nachtaktiv zu sein.

Doch was ist eigentlich Zeit? Von der Antike bis heute haben sich Unzählige darüber Gedanken gemacht. Wir haben die Zeit in kleine, messbare Einzelteile zerlegt – doch dadurch ist sie auf keinen Fall fassbar geworden. Das wiederum können wir schwer aushalten. Alles, was sich unserer Logik und unserem Verstand entzieht, macht uns unruhig. Das erklärt, warum unser Umgang mit der Zeit latent von dieser Unruhe geprägt ist. Zeit bleibt ein Phänomen, das wir nie ganz ergründen werden. Die Zeit drängt unaufhaltsam voran. Wir können sie nicht festhalten und nicht zurückdrehen. Zeit ist immer auch von unseren subjektiven Empfindungen abhängig. Ist es uns beispielsweise langweilig oder sitzen wir in einem Bewerbungsgespräch, mag die Zeit einfach nicht vergehen. Bei einem spannenden Film, einem interessanten Buch oder beim Reden mit Freunden vergeht die Zeit dagegen wie im Fluge.

Mit zunehmendem Alter scheint sich der Fluss der Zeit zu beschleunigen. Wir meinen, Zeit sei für jeden dasselbe und jede Stunde sei gleich lang, weil jede sechzig Minuten dauert. Dieses Phänomen lösten die alten Griechen, deren Zugang zu philosophischer Betrachtungsweise wesentlich besser ausgeprägt war. Sie unterschieden nach »Chronos« und »Kairos«. Meint Ersteres die messbare Zeit nach Quantität, versteht man unter Kairos die Qualität der Zeit. Fragen nach dem, wie ich meine Zeit verbringe, mit angenehmen und sinnvollen Beschäftigungen oder eher zufällig und unbewusst, stehen bei Kairos im Vordergrund.

Das Symbol, das die Menschen in der Antike für Chronos wählten, war ein eilender Jüngling mit Flügeln an den Fußknöcheln. Diese Darstellung entspricht voll und ganz unserem gegenwärtigen Lebensstil. Wir treiben uns durch doppelte Geschwindigkeit selbst an. Unser ständiger Begleiter Chronos fliegt und eilt, bewegt sich also mit doppelter Geschwindigkeit fort, vielleicht fungieren die zwei Fortbewegungsarten sogar als Potenz. Chronos dient vielen von uns als Lehrmeister. Wir erledigen oft viele Dinge gleichzeitig. Wir sind von Chronos gesteuert, infiziert, weil uns das natürliche Zeitgefühl abhandengekommen ist. Bestimmte früher der Rhythmus der Jahreszeiten und der Wechsel zwischen Tag und Nacht das Leben der Menschen, nehmen wir diese Naturgegebenheiten kaum mehr wahr. In unseren Räumen ist es immer warm und hell. Ganz gleich, ob wir Frühling, Sommer, Herbst oder Winter haben, Tag oder Nacht. Somit fehlt uns die Orientierung eines rhythmischen Takts. Konnten sich die Menschen früher auf die Zeitmaschine Natur verlassen, gibt es für Chronos keine Verlässlichkeit.

Das bedeutet, dass wir aus dem Takt kommen. Unser Lebensrhythmus ist gestört. Das macht unzufrieden und Angst. Körperliche Symptome aller Art sind die Folge, aber auch Suchtverhalten bis hin zu Depression und natürlich der viel zitierte Begriff Burn-out.

Kehren Sie zu einem natürlichen Lebensrhythmus zurück! Leben Sie mit der Natur. Spüren Sie Wind und Wetter. Erfreuen Sie sich am Sternenhimmel und am Sonnenschein. Wissen Sie noch, wie Schneeluft riecht? Wann haben Sie schon mal Quellwasser, direkt aus dem Berg kommend, getrunken und geschmeckt? Gerade wenn auch Sie zu den Menschen gehören, die Angehörige des Gottes Chronos sind, sollten Sie sich besinnen. Benutzen Sie Ihre Sinne! Das gibt Ruhe und Kraft, macht zufrieden und lässt Sie die Flügel um Ihre Fußknöchel ablegen. Sinnvolle Freizeitgestaltung kann man lernen!

Unser Urlaub ist häufig gekennzeichnet durch Freizeitstress. Action oder Aktivurlaub heißen die Zauberworte. Im Aktivurlaub gibt es oft einen Zeitplan, nach dem ich mich richten muss: Meine Aerobic-Stunde im Cluburlaub beginnt um 10 Uhr, mein Malkurs um 13 Uhr. Ich habe gar nicht die Chance, auf meinen Körper zu hören und ihn zu fragen, ob er jetzt in diesem Augenblick seine Freizeit mit Bewegung oder Malen verbringen möchte. Meist muss ich mich einen Tag früher für die Stunde anmelden. Dieser Freizeitstress trägt zu einer weiteren Entfremdung zwischen Körper und Seele bei. Das heißt, es gibt in unserem Leben gar keine Freizeit – freie Zeit – mehr.

Dies ist der Grund, warum wir keine Zeit mehr haben. Zeitdruck und Zeitmangel sind die meistgenannten Änderungswünsche im Leben von Menschen. Dieses Phänomen ist verantwortlich für Stress und alle Symptome, die damit verbunden sind. Vor allem verschlingt Chronos das

Lebensglück und die Zufriedenheit, das Sein im Hier und Jetzt mit Haut und Haar. Chronos schlägt wieder einmal gnadenlos zu.

Deshalb stimme ich ein Loblied auf die Langeweile an. Langeweile ist erholsam und wichtig. Wörtlich übersetzt in die Sprache der Seele heißt Langeweile »lange Weile« zu haben, das heißt mit anderen Worten, Zeit zu haben. Damit wissen wir häufig nichts mehr anzufangen, darum ist der Begriff der Langeweile im Moment eher negativ besetzt. Daraus ergibt sich ein Teufelskreis. Einerseits brauchen wir Zeit – Langeweile – zum Besinnen, Zeit für uns, andererseits verbindet unser momentanes Sprachverständnis damit Negatives. Dieser Widerspruch ist die Saat für Unruhe und Unzufriedenheit, die in unserer unnatürlich beschleunigten Zeit auf einen fruchtbaren Nährboden fällt. Entziehen Sie dieser gefährlichen Saat den Nährboden! Entschleunigen Sie Ihre Tage! Das ist gar nicht so schwer. Wichtig ist nur, dass Sie langsam mit der Entschleunigung beginnen.

Ich habe schon viele Menschen erlebt, die nach Zeiten von großem Druck und Stress genau dann krank wurden, als sie in die Entspannungsphase kamen. Betrachten Sie Zeitdruck und Stress wie eine Sucht. Auch von einer Sucht kommen Sie nicht von heute auf morgen los. Lernen Sie langsam, sich zu langweilen.

Dies hat zur Folge, dass Sie sich allmählich an den Zustand der Freizeit gewöhnen und ihn genießen lernen. Das wiederum ist die Voraussetzung dafür, dass Sie in Zukunft mehr auf Ihren Umgang mit der Zeit achten. Sie werden die Zeit, die Ihnen zur Verfügung steht, effektiv nutzen lernen, indem Sie nur eine Sache machen, diese jedoch mit gebündelter Energie und Kraft. Sie werden sehen, dass Sie mit dieser neuen Einstellung zu Ihrer Zeit ein Perpetuum mobile zum Laufen bringen, das Ihnen ungeahnte Energie, Kraft und Zeit schenkt – so ein Glück!

Da der Juli oftmals Ferienzeit ist, möchte ich Ihnen auch einige Überlegungen und Vorschläge an die Hand geben, wie eine optimale Freizeitgestaltung mit Kindern aussehen kann. Wenn Sie Kinder, Enkelkinder, Patenkinder haben oder Leihoma oder –opa sind, lohnen sich diese Gedanken.

Zeit in der Natur mit Kindern

Kinder müssen während eines langen Schultags permanent stillsitzen. Ihr natürlich angeborenes Bedürfnis nach Bewegung kommt so zu kurz. Auch das Konsumieren von Fernsehen, Computerspielen, Handydaddeln und die ständige Präsenz in den sozialen Medien tragen nicht dazu bei, dass sich Kinder mehr bewegen. Die Auswirkungen auf das Lernverhalten, die Psyche und den Körper sind fatal. Es lohnt sich, durch aktives, sinnvolles Freizeitverhalten Prävention zu betreiben. Besonders sinnvoll ist in dem Fall der Urlaub auf dem Bauernhof. Über die Beschäftigung mit den Tieren und die aktive Mitarbeit lernen die Kinder, dass Bewegung Spaß macht, und sie haben viele sinnvolle Erlebnisse. Aber auch Wandertage, Fahrradausflüge oder Schwimmbadbesuche tragen dazu bei, dass die Kinder wieder Lust an Bewegung erhalten und alle Sinne gefördert werden.

Kinder, die nie an ihre körperlichen Grenzen kommen, werden um viele Erfolgserlebnisse gebracht. So kann eine Wanderung in der Natur einen großen Sprung in der Persönlichkeitsentwicklung ermöglichen. Das Kind lernt, Hürden zu überwinden. Und wie schön es ist, wenn man etwas geschafft hat!

- *Geschichten erzählen:* Mit spannenden Geschichten und motivierenden Gesprächen geht alles leichter. Gnome, Waldgeister, Kräuterhexen, Feen, Zwerge … Sie alle wohnen im Wald und auf den Wiesen. Wir machen uns auf die Suche nach ihren Spuren. Das Spinnennetz mit dem Tautropfen als Schleier einer Fee, der knorrige Ast, der am Wegesrand liegt als Spazierstock des Waldgeistes. Schon ist die Zeit vergangen und die Anstrengung geschafft. So wird aus einer einfachen Wanderung ein prägendes Erlebnis für das ganze Leben!
- *Mathematische Wanderspiele:* Gerade das Wandern ist für Kinder ein besonderes Erlebnis und eine wichtige Erfahrung. Kinder, die über längere Strecken gehen, erleben spürbar und am eigenen Leib das Ausmaß von Distanzen. Sie wissen danach, wie lang ein Kilometer ist. Sie kennen ihre Schrittlängen, sie haben eine Vorstellung von einer Stunde. All diese Maße und Einheiten, die ohne die persönliche Erfahrung nur leblose Begriffe sind, gewinnen beim Wandern an Bedeutung und bekommen ein Gesicht. Die Kinder haben die Einheiten im wahrsten Sinne des Wortes begriffen und erfahren. Zählen Sie beim gemeinsamen Wandern die Schritte! Je nach Alter und Kenntnisstand der Kinder sind Sie damit lange beschäftigt. Wenn man mit einem Metermaß zu Beginn der Wanderung die Schrittlänge misst, können Sie im Laufe des Tages viele interessante Rechenaufgaben erfinden. Auch Sekunden können Sie zählen – Schritt für Schritt – und die Verbindung

herstellen zwischen Zeit und Maß. Sie können Höhenmeter erklären und beim Aufsteigen auf die Anhöhe stolz auf die geschafften Höhenmeter sein. Die zurückgelegten Schritte können Sie in Einheiten einteilen und bündeln, addieren. Dazu können Sie auch Naturmaterialien, die Sie am Wegrand finden, verwenden und damit die Rechenzeichen symbolisieren.
- *Sprachunterricht im Grünen:* Die Natur macht's möglich. Gerade beim Wandern bleibt viel Zeit zum Reden. Ungezwungen und locker ergeben sich viele Möglichkeiten, etwas Geschehenes in Sprache umzusetzen. Spielen Sie »Ich sehe was, was du nicht siehst«: Einer sieht einen Gegenstand und die anderen raten, was er sieht. Welche Gegenstände am Wegrand siehst du, die mit A beginnen? Auf diese Weise kann im Laufe der Wanderung das ganze ABC durchgenommen werden.
- *Natur erleben – Biologie live!:* Blumen, Bäume, Kräuter, Tiere, Wolken, Himmel, Wetter… Situationsorientiert bespricht man Naturphänomene.

Wandern und Lernen passen also sehr gut zusammen. Über das Wandern begreifen Kinder Zusammenhänge und profitieren nachhaltig vom erlebten Wissen. Ich persönliche liebe diese Wanderspiele mit Kindern. Der Erfolg einer geglückten Rechenaufgabe meiner Enkelkinder wird auch zu meinem Erfolg. Der Spaß, den die Kinder empfinden, springt auf mich über und wird zu meinem Spaß. Nebenbei habe ich meine täglichen 10.000 Schritte erledigt und auch die Kinder haben eine wichtige Bewegungseinheit absolviert.

Ich hoffe, dass ich Ihnen mit diesem Ausflug in die »Welt der Zeit« die Augen öffnen konnte über den Einfluss der Zeitqualität und des Umgangs mit der Zeit auf das Lebensglück.

Beginnen Sie hier, heute und jetzt mit Ihrer Zeit im Sinne von Kairos umzugehen. So steht dem Lebensglück nichts mehr im Wege.

Glück ist ein Spiel, das man spielen muss, um es zu erleben.

Herzerfrischende Stunden für die Seele

von Schwester Teresa Zukic

Während in Deutschland im Juli schon viele Bundesländer Ferien haben, müssen wir in Bayern immer bis zum Ende des Monats warten. Der Juli bedeutet für die Schüler Endspurt, Zeugnisse und Schulschlussgottesdienste. Pfarrfeste und Kirchweih werden gefeiert oder in unserem Erzbistum das Heinrichsfest in Bamberg.

Alle sehnen sich nach Urlaub, und danach, die Arbeiten abzuschließen. Oder danach, ein Buch fertigzuschreiben, so wie unser schönes Buch über Glück und Segen. Damit ganz viele Menschen ermutigt werden und wir ihnen damit eine neue Freude machen können. Bücher sind immer Zeitzeugen und wir erfahren, wie Menschen zu einer bestimmten Zeit gelebt haben. In der ganzen digitalen Welt sind Bücher etwas Bleibendes und immer aktuell. Und wer nimmt nicht gerne ein Buch mit auf Reisen? Apropos Reisen.

Ende Juli hat ein besonderer Heiliger seinen Festtag. Der heilige Ignatius von Loyola, der Gründer der Jesuiten. Ich fühle mich mit ihm verbunden und habe mit ihm einen strengen Freund im Himmel. 1985, bevor ich ins Kloster trat, machte ich Schweigeexerzitien nach dem Vorbild des heiligen Ignatius und lernte dort Pfarrer Franz kennen. Eine Freundschaft fürs Leben begann. Er wurde über die Klosterjahre hinweg mein Beichtvater und wir gründeten 1994 die kleine Kommunität. Das dritte Ziel unserer Gemeinschaft war von jeher »Gott in allen Dingen suchen und finden« nach dem heiligen Ignatius und wir übernahmen einiges seiner Spiritualität. Ein besonderer Gedanke war das Leben mitten in dieser Welt. Gott kann uns überall begegnen, in einem Telefonanruf, in der U-Bahn, beim Einkaufen oder in einem Gedanken. In allen Dingen eben oder Begegnungen oder Ereignissen. In guten wie auch herausfordernden Momenten. Immer und überall sollen wir wachsam und achtsam sein und überlegen, ob nicht Gott uns ruft. Was Er uns auch schickt, seine Fußspuren oder sein Wirken sollen wir entdecken und annehmen.

Pfarrer Franz liebte Kunst und Museen und so konnte ich ihm eine große Freude machen, ihn mit einer Städtetour nach Bilbao ins berühmte Guggenheim-Museum im spanischen Baskenland zu überraschen. Wir waren auch schon vor vielen Jahren im Guggenheim-Museum in New York bei der eindrucksvollen Baselitz-Ausstellung gewesen. Das Guggenheim-Museum in Bilbao ist eine der bedeutendsten Sehenswürdigkeiten der Stadt. Außergewöhnlich. Was wir aber beide nicht wussten, dass Loyola, die Geburtsstadt des heiligen Ignatius, nur eine Fahrstunde von Bilbao weg war. Zu unserer Überraschung war nur zwei Stunden entfernt auch das Schloss von Javier. Diese Ritterburg war das Elternhaus des Jesuitenheiligen Franz Xaver, dem Namenspatron von Pfarrer Franz. Am Flughafen hatten wir einen kleinen Führer für Bilbao gekauft und wurden darauf aufmerksam gemacht. Sofort war uns klar, warum Gott uns nach Bilbao geschickt hatte. Wir mieteten ein Auto für einen Tag und fuhren nach Loyola los und weiter zum Castle nach Xavier. Eine der schönsten Fahrten durchs Baskenland, die wir erleben durften. Beide Elternhäuser der beiden Heiligen waren beeindruckend, die Kirchen und Museen. Tief bewegt kamen wir spät abends ins Hotel zurück, nachdem wir das Mietauto wieder abgegeben hatten.

Das Lieblingsgebet von Pfarrer Franz waren das Gebet von Ignatius von Loyola: »Nimm hin, o Herr, meine ganze Freiheit. Nimm an mein Gedächtnis, meinen Verstand, meinen ganzen Willen, was ich habe und besitze, hast du mir geschenkt. Ich gebe es dir wieder ganz und gar zurück und überlasse alles dir, dass du es lenkst nach deinem Willen. Nur deine Liebe schenke mir nach deiner Gnade. Dann bin ich reich genug und suche nichts weiter.« Und ich liebe vom heiligen Ignatius diesen schönen Gedanken: »Die meisten Menschen ahnen nicht, was Gott aus ihnen machen könnte, wenn sie sich ihm nur zur Verfügung stellen würden.«

Ignatius von Loyola wird als jüngstes von 13 Kindern der Familie Loyola y Balda in Azpeitia im Baskenland geboren. Seine Mutter stirbt bei seiner Geburt. 1507 übergibt sein Vater ihn in die Obhut seines Freundes, des königlichen Großschatzmeisters und Gouverneurs von Arévalo und Madrigal. Dort lernt er das Hofleben kennen und wird zum Ritter ausgebildet. Ambitioniert und begeistert von Ritterromanen, strebt er danach, sich zu beweisen.

1521 wird Pamplona von den Franzosen angegriffen, und Ignatius wird durch eine Kanonenkugel schwer am Bein verletzt. Er wird zum Schloss der Loyolas gebracht, wo er lange Zeit im Bett verbringen muss. Da sein Bein schief zusammenwächst, muss es erneut gebrochen werden. In dieser Genesungszeit beginnt er, Heiligenlegenden und das Leben von Jesus zu lesen, was einen tiefen Einfluss auf ihn hat. Er beginnt, seinen Lebensstil zu hinterfragen, und erfährt eine radikale Wandlung. Die neuentdeckte Religiosität wird zentral in seinem Leben. Aus dem Ritter wird ein asketischer Ordensmann und späterer Ordensgründer.

Nach seiner Genesung zieht er zum Marienheiligtum im Kloster Montserrat, wo er sein Rittergewand gegen das eines Bettlers eintauscht. Danach zieht er sich für ein Jahr in ein Kloster in Manresa zurück, wo er schwere Krisen und Depressionen durchlebt. Während dieser extremen Erfahrungen entwickelt er seine »Geistlichen Übungen«, die zur Grundlage der jesuitischen Spiritualität werden. Diese Übungen helfen, über das eigene Leben zu reflektieren und den richtigen Lebensweg zu finden.

Loyola entschließt sich, Priester zu werden und sich der Seelsorge zu widmen. 1523 pilgert er ins Heilige Land und kehrt 1524 zurück. Er lernt Latein und studiert an Universitäten in Spanien sowie an der Sorbonne in Paris, wo er 1533 sein Studium der Philosophie und Theologie abschließt. 1534 legt er, nun als Ignatius bekannt, in der Kapelle St. Denis auf dem Montmartre ein Gelübde ab. Mit sechs Gefährten verpflichtet er sich zu lebenslanger Keuschheit, Armut und Gehorsam, womit der Grundstein für den neuen Orden gelegt ist. Sie nennen sich die »Gesellschaft Jesu« – Societas Jesu (SJ) – und planen zunächst eine Missionsreise ins Heilige Land. Da dies nicht möglich ist, bieten sie dem Papst in Rom ihre Dienste an.

1540 bestätigt Papst Paul III. die »Gesellschaft Jesu« als Orden, und Ignatius wird zum ersten Generaloberen gewählt. Die Jesuiten richten ihr Zentrum in einem Haus nahe der Kirche Maria della Strada in Rom ein, von wo aus Ignatius 15 Jahre lang den wachsenden Orden leitet. Die Jesuiten setzen ihren Fokus auf den Dienst am Nächsten und senden Mitglieder wie Franz Xaver zur Mission nach Indien. Ignatius' Ordensidee war neu: Statt Abkehr von der Welt suchte er deren Hinwendung, um sie für Gott zu gewinnen. Am 31. Juli 1556 stirbt Ignatius, zu diesem Zeitpunkt zählt der Orden bereits über 1000 Mitglieder weltweit.

Vielleicht haben Sie Lust, das Museum in Bilbao, die Kirche in Loyola oder das Schloss des heiligen Franz Xaver mal zu googeln oder selbst auf Ihren Urlaubsreisen einen Abstecher dorthin zu machen. Das wäre doch auch mal was für die Urlaubszeit.

Das Leben der vielen Vorbilder im Glauben kennenzulernen und mehr von ihnen zu erfahren. Ich finde es faszinierend, welche begeisternden, furchtlosen, liebenswerten, humorvollen und außergewöhnlichen Heiligen es seit 2000 Jahren in unserer Kirche gibt. Wer in der Antike zur Zeit der Christenverfolgung Christ war, lief leicht Gefahr, dafür zu sterben. Viele von ihnen haben die bestehenden Verhältnisse ihrer Zeit hinterfragt und ließen sich nicht durch Drohungen oder Verfolgungen beeindrucken. Die Geschichten der Heiligen erzählen von Aufbrüchen, von Umkehr – an ganz unterschiedlichen Stellen des Lebens. Es sind diese Momente, die auch für uns heute noch entscheidend sind: mit sich selbst im Reinen sein, sich getragen fühlen durch alle in Krisen- oder Konfliktsituationen. Ich könnte gar nicht aufhören sie alle aufzuzählen, die ich liebe und verehre. Augustinus, Therese von Lisieux, Teresa von Ávila, meine Namenspatronin, Franz von Assisi, Edith Stein oder unseren neusten 15-jährigen Heiligen und Influencer Carlo Acutis, der an einer akuten Leukämie erkrankte und zum Vorbild von Millionen jungen Menschen wurde.

Wen immer Sie sich auch aussuchen. Er oder sie wird Sie beeindrucken. Wir tauchen ein in eine andere Welt und Zeit, die oft so anders ist als unsere. Ich komme aus dem Staunen gar nicht raus, wie viele es gab und wie reich unsere Welt und Kirche seit 2000 Jahren war, weil es Menschen gab, die sich von Jesus inspirieren ließen und verrückt liebten, dienten, verkündeten, die Welt besser machten. Es sind alles unsere Schwestern und Brüder. Sie gehören zu uns. Sie haben durch ihr Zeugnis andere ermutigt und waren Vorbilder im Glauben. Ich verspreche Ihnen, wen immer Sie auch rausgreifen. Es wird ein spannender Juli werden. Und wenn nur ein Funke von den Heiligen auf uns überspringt von ihrem Mut, Tatendrang, Glauben, Hoffnung, Wagnis, Begeisterung, Lebendigkeit, wird uns das nicht unberührt lassen. Wir sind alle Teil einer großen Gemeinschaft. Wir gehören Jesus Christus. Wir sind Teil seiner Familie und wir gehören zur Menschenfamilie dieser Erde. Es ist und war ein Privileg hier leben zu dürfen. Mögen wir herzerfrischende Stunden der Erholung erleben und neue Kraft etwas in unserer Welt zu bewegen.

Genießen wir den Sommer und machen wir unsere gute Laune nicht vom Wetter abhängig, sollte es auch Regentage geben, die so wichtig für die Natur sind. Mögen auch Ihre Urlaubstage gesegnet sein. Von Gott brauchen Sie keinen Urlaub nehmen, vielleicht da genau das Gegenteil. Laden Sie ihn in Ihrer Lebenszeit ein. Er freut sich, wenn Sie das Leben genießen können, und gönnt Ihnen alles, was möglich ist. Tun Sie, was Ihnen guttut. Ich gönne es Ihnen von Herzen.

Jede Stunde gehört meinem Gott.
Jede Stunde will ich ihn preisen.
Jede Stunde ist kostbar.
Jede Stunde will ich singen.
Jede Stunde Atem schöpfen.
Jede Stunde will ich dankbar sein.
Jede Stunde verrückt lieben.
Jede Stunde will ich neu anfangen.
Jede Stunde genießen.
Jede Stunde will ich vergeben.
Jede Stunde beten.
Jede Stunde will ich leben, lachen, lieben.

Teresas Juli-Rezept

Wassermelonen-Pizza

ZUTATEN

- 1 kleine Wassermelone
- 100 g Himbeeren
- 100 g Heidelbeeren
- 4 EL Joghurt (3,5 % Fett)
- 1 EL Kürbiskerne
- 1 EL Cashewkerne oder andere Nüsse
- 2 EL gepuffter Amarant
- 1 EL »Unser Energieöl«
- 1 Prise Liebe

Zubereitung

1. Die Wassermelone in vier etwa 2 bis 3 cm dicke Scheiben schneiden. Beeren vorsichtig waschen und abtropfen lassen.
2. Jeweils 1 Esslöffel Joghurt auf eine Melonenscheibe geben und mit den Beeren, den Kürbiskernen, Cashewkernen oder anderen Nüssen und dem gepufften Amarant belegen
3. Zum Schluss ein paar Tropfen Energieöl über jede Scheibe träufeln und servieren.

Rezept aus: Teresa Zukic / Jalid Sehouli, Unsere Energieküche. Die besten Rezepte gegen Erschöpfung und Müdigkeit © Kneipp Verlag in Verlagsgruppe Styria GmbH & Co. KG, Wien 2023.

Energieöl: zu bestellen auf www.schwester-teresa.de, Erlöse zu Gunsten der Krebsinitiative

Platz für eigene Gedanken

August

Sonne – Wärme – Glück

von Eva-Maria Popp

Auch der Name August stammt aus dem Lateinischen. Das Adjektiv »augustus« bedeutet »heilig, ehrwürdig, erhaben«. Deshalb ist der August ein ganz besonderer Monat. Im August zeigt der Hochsommer nochmals seine ganze Kraft und Energie.

Am 15. August feiern wir mit Mariä Himmelfahrt einen wichtigen Tag im Jahreszeitenzyklus. Auch dieser Feiertag wurde schon seit Menschengedenken als besonderer Tag begangen. In katholischen Gegenden binden die Frauen Kräuterbuschen und bringen sie in die Kirche zur Segnung. Die Kräuter auf Feld und Wiese stehen in voller Blüte, ebenso sind viele Früchte reif für die Ernte. So ist der August die Zeit der Ernte und für die Menschen in früheren Zeiten, die im Einklang mit den Jahreszeiten leben mussten, war die Beobachtung der Natur zur Erntezeit unglaublich wichtig, Denn die Ernte bedeutete Brot, Nahrung und letztendlich das Überleben für das kommende Jahr. Das ist der Grund, warum sich gerade für den August so viele Bauernregeln erhalten haben.

»Den schönsten Tag im August erkennt man am schönsten Morgen.«
»Fängt der August mit Donnern an, er's bis zum End' nicht lassen kann.«
»Ist der August im Anfang heiß, wird der Winter streng und weiß.«
»Wenn's im August tauen tut, bleibt meist auch das Wetter gut.«

Mir persönlich bereitet das Lesen der Bauernregeln immer eine große Freude. Sie klingen so schön. Ich bekomme eine Ahnung von der Bedeutung der Natur für meine Vorfahren.

Zurück zum 15. August, der auch in Italien ein sehr bedeutender Feiertag ist – Ferragosto. Kaiser Augustus hatte an den Tagen Mitte August einen wichtigen Sieg über die Ägypter errungen und diesen Tag zum Feiertag gemacht. Im Zuge der Christianisierung wurde aus dem römischen Feiertag ein christlicher Feiertag. Doch auch die Zeitenwende, die sich Mitte August abzeichnet, spielt eine große Rolle. Der Hochsommer liegt in den letzten Zügen. Um den 15. August zeigen sich die ersten Morgennebel, ein deutliches Zeichen, dass das Ende der warmen Jahreszeit eingeläutet wird.

All das macht den August zu einem besonderen Monat im Jahr. Für mich persönlich kommt hinzu, dass ich im August Geburtstag habe. Ein Grund mehr für mich diesen Monat als meinen Monat zu feiern.

Deshalb nehme ich die Gelegenheit wahr, Ihnen meine Lebensgeschichte zu erzählen und sie mit Ihnen zu teilen

Ich bin am 17. August 1958 geboren und ein glückliches Kind der Liebe. Meine Eltern lebten in einer niederbayerischen Kleinstadt und waren Nachbarskinder. Mein Vater war Jahrgang 1925, meine Mutter 1926. Die beiden haben sich geliebt, seit sie 14 bzw. 15 Jahre alt waren. Die Kriegsjahre haben sie kurzzeitig getrennt – mein Vater wurde von der Schulbank weg als Lehrling in die Motorenwerke Hentschel in Kassel geholt, um den Beruf des Flugzeugmotorenbauers zu erlernen. Meine Mutter hat die Ausbildung zur Kindergärtnerin in Bayreuth absolviert. Nach Kriegsende standen sie beide mit ihren erlernten Berufen da, die sie sehr gemocht hatten, die jedoch zu dieser Zeit nichts wert waren. Was will man mit einem Flugzeugmotorenbauer in einem Land, das gerade den Krieg verloren hat und keine Flugzeuge bauen darf? Was will man mit einer Kindergärtnerin, die während der NS-Zeit ausgebildet wurde? So waren sie beide noch sehr jung und hatten neben den Wirren und schlimmen Erlebnissen des Krieges auch ihren ersten beruflichen Rückschlag erlitten. Doch beide waren keine Menschen, die die Köpfe hängen ließen, sondern positiv gestimmte Menschen, die nach der Devise lebten: Wenn eine Türe zugeht, dann geht die nächste Tür auf. So hat mein Vater bei seinem zukünftigen Schwiegervater, einem Spezialisten für Treppenbau, als Zimmererlehrling ausgeholfen. Meine Mutter hat in einem benachbarten Gasthaus als Kindermädchen und Aushilfe gearbeitet. Am 08. Mai 1948 haben die beiden geheiratet und sich bis zum Tod meines Vaters im Jahr 2005 sehr geliebt. Daran hat auch die Demenzerkrankung meines Vaters nichts geändert, die ihn die letzten 15 Jahre seines Lebens begleitet hat.

Mein Vater hat beruflich nochmals umgesattelt und den Beruf des Elektromonteurs erlernt, der damals sehr gefragt war. Da war er immerhin schon 30 Jahre alt. Das war zu damaligen Zeiten nicht mehr jung. Doch er hat sich durchgeboxt und diesen Beruf bis zum Eintritt ins Rentenalter sehr gerne ausgeübt. Beide haben sie sich nichts sehnlicher als ein Kind gewünscht. Es sollte und sollte nicht klappen. ENDLICH! Im Alter von 32 Jahren hat mich meine Mutter geboren. Da galt sie als Erstgebärende in den fünfziger Jahren als uralt. Umso größer war die Freude über meine Geburt. So wurde ich von meinen Eltern vom ersten Tag an mehr als geliebt. Zugleich war ich bei den Großeltern das erste Enkelkind. Somit verwöhnt von allen – Eltern, Großeltern, Tanten, Onkels.

Warum erzähle ich Ihnen das so ausführlich – weil es die Grundhaltung meiner kindlichen Lebensumstände darstellt. Meine Basis, meine Wurzeln sind die eines geliebten Kindes. Die Lebenseinstellung meiner Eltern – aus allem, auch aus Problemen und Mist das Beste zu machen, hat mich geprägt und ist die Devise, nach der ich heute als Seniorin immer noch lebe, liebe, arbeite und wirke.

Bei allem Positiven habe ich auch schlimme Dinge erfahren in meinem Leben. Im Alter von fünf Jahren wurde ich von einem Onkel väterlicherseits sexuell missbraucht. Das war ein großer Schock für mich und ich habe es jahrelang verdrängt. Erst im Alter von 30 Jahren habe ich begonnen dieses Erlebnis aufzuarbeiten. Fast zeitgleich nach einem sehr unangenehmen Vorfall – einer sexuellen Belästigung durch einen Vorgesetzten. Das war der Tropfen, der das Fass zum Überlaufen gebracht hat, und ich habe damals begonnen, den kindlichen Missbrauch zusammen mit der Belästigung aufzuarbeiten. Diese Aufarbeitungsphase war sehr fordernd und hat lange gedauert. Zum Glück bin ich schon lange damit im Reinen. Im Gegenteil, ich habe durch das eigene Erleben sehr feine Antennen für verletzte Kinderseelen an den Tag gelegt. Das hat meine Fähigkeit zu Empathie und Mitgefühl sehr geprägt, was mich sehr freut. Eine andere Form von Missbrauch war ein ärztlicher Eingriff, den ich im Alter von 22 Jahren erlebt habe. Leider habe ich damals eingewilligt in eine an sich überflüssige Operation am Fuß, die in der Folge zu einer Gehbehinderung geführt hat und an der ich noch heute leide. Sechs weitere, sehr schmerzhafte Operationen musste ich seither in Folge über mich ergehen lassen. Doch auch aus diesen Operationen habe ich im Endeffekt wertvolle Lebenserkenntnisse ziehen können. Wenn man große Schmerzen hat, wird man sehr, sehr demütig. Man schätzt, wenn die Schmerzen weniger werden oder gar aufhören. Man weiß, was Schmerzen bedeuten. Das macht einen hart im Nehmen und gibt einem ein Lebensgefühl, das geprägt ist von großer Dankbarkeit. So bin ich ein Glückskind, das sich an den vielen kleinen Dingen des Lebens erfreuen kann. Ich liebe es zu schreiben und andere Menschen mit meinen Worten – in gesprochener und geschriebener Form zu ermutigen, Impulse zu setzten und zu zeigen, dass das Leben schön ist – auch wenn große, dunkle Gewitterwolken mit Blitz und Donner manches Mal den Sonnenschein nicht zu uns durchlassen – wichtig ist, dass man sich in dieser Zeit des Gewitters daran erinnert, dass die Sonne präsent ist. Sie ist nur verdeckt durch die Wolken. Mit dieser Lebenseinstellung können Menschen schwere Schicksalspakete tragen und trotzdem das Glück dahinter erkennen. Ich habe große Hochachtung vor meinen Vorfahren, meinen Urgroßeltern, Großeltern und Eltern und deren Schicksalsgenossinnen und Genossen. Sie mussten teilweise zwei fürchterliche Kriege erleben und ertragen. Flucht und Vertreibung, Hunger und Gewalt haben tiefe Wunden in ihre Seelen geschnitten. Manche haben alle materiellen Güter verloren, andere haben Söhne, Töchter, Ehepartner verloren, wieder andere waren in Kriegsgefangenschaft oder sogar in Konzentrationslagern oder mussten Zwangsarbeit leisten. Gemeinsam haben sie nach dem Krieg unser Land wieder aufgebaut und unsere Eltern haben streng nach der Devise gelebt, dass es uns Kindern einmal besser gehen solle. Diesen guten Willen möchte ich dankend anerkennen. Leider waren viele Menschen so traumatisiert von den Geschehnissen, dass die gesamte Gesellschaft nicht in der Lage war aufzuarbeiten und zu reden. So wurden viele Traumata einfach weitergegeben an die nächsten Generationen. Deshalb sehe ich es als meine tiefe Verpflichtung an, dankbar zu sein, dass ich noch nie Krieg erleben musste. Ich habe immer im Aufschwung gelebt in einer Zeit des Wachstums und des Fortschritts. Daraus ergibt sich für mich und meine Generation zwangsläufig die Verpflichtung zu helfen und die Menschen zu unterstützen, die auf der Flucht vor Kriegen sind oder die Not leiden.

Vor allem möchte ich meinem Mann danken, dass er seit 1976 mit mir durchs Leben geht. Seite an Seite. Wir sind grundverschieden – mein Mann ist ruhig und überlegt – ich bin extrovertiert und »immer am Machen« oft impulsiv, manches Mal zu impulsiv. Gemeinsam haben wir drei erwachsene Kinder und inzwischen fünf Enkelkinder und zwei Patchwork-Enkel. Trotz oder gerade wegen unserer unterschiedlichen Art und Weise das Leben anzugehen, ergänzen wir uns und gleichen aus. Vor allem gehen wir Seite an Seite und genießen unsere gemeinsamen Hobbys – die Musik, Kunst und Kultur.

Mein Mann ist kurz vor seinem Renteneintritt an Parkinson erkrankt. Das ist manches Mal sehr anstrengend. Trotz allem ist er guter Dinge und wir können auch diese Krankheit gemeinsam bewältigen. Auch hier zählt die Dankbarkeit. Ja, er hat Parkinson, doch wir leben in einer Zeit, in der es Medikamente gibt, die gut anschlagen. Vor allem leben wir in einem Land, in der diese Medikamente ohne Probleme und Abstriche verfügbar sind und bezahlt werden. Das ist nicht selbstverständlich.

Zu guter Letzt haben wir eine äußerst wertvolle Medizin für meinen Mann – das sind unsere Enkelkinder. Sie fordern seine Beweglichkeit, seinen Geist und seine Seele heraus und fördern ihn auf unkomplizierte und spielerische Art und Weise. Sie nehmen keine Rücksicht auf seine Krankheit. Sie sind erfrischend ehrlich und unbefangen und wollen einfach nur spielen mit ihrem Opi. Was kann das Leben mehr bieten?

Danke, lieber August, dass du mir deine Sonnenstrahlen vom ersten Augenblick meines Lebens mit auf den Lebensweg gegeben hast. Ja, ich bin ein Kind der Sonne, der Wärme und des Glücks. Und dieses Glück gebe ich gerne weiter, weil sich Glück beim Teilen potenziert, genauso wie sich Leid beim Teilen halbiert. Diese beiden Formeln sind meine Lebensmottos, die mich sehr glücklich machen und die ich gerne mit Ihnen teile, damit auch Sie Ihr persönliches Glück erkennen und genießen können.

Glück ist wie ein Schnappschuss. Du musst deinen inneren Auslöser drücken, damit du es als Seelenfotografie sehen kannst.

Wovon das Herz voll ist, geht der Mund über

von Schwester Teresa Zukic

Oh ja, ich liebe den August! Für mich steht er für pure Vorfreude, Lebensfreude, Herzensfreude. Ich freue mich auf meinen Geburtstag am 5. August. Und auf meine Mama, die schon in Umag, in Kroatien, auf mich wartet. Auf das Meer, das Feiern, das Schwimmen, weil man mich kaum aus dem Wasser bekommt. Ich freue mich auf das Wiedersehen mit lieben Freunden und Verwandten. Auf die langen, milden Abende auf der Terrasse und über mir das Sternenmeer.

Wussten Sie, dass mein kroatischer Name »Zvjezdana« ist, was übersetzt Sternentag bedeutet? Weil man ihn schwer aussprechen konnte, begnügten wir uns in Deutschland mit den letzten 4 Buchstaben. »Dana« wurde ich meine gesamte Kindheit über gerufen. Nur in Kroatien höre ich es noch von meiner Tante oder meinen Cousinen.

Ich kann es kaum erwarten in mein »More« (Meer) zu steigen und loszuschwimmen oder mich einfach auf das Wasser zu legen, zu schnorcheln und in die Weite von Wasser und Himmel zu schauen. Wir gehen meistens schon um 7 Uhr schwimmen. Es lohnt sich, früh aufzustehen. Das Meer ist völlig ruhig. Niemand ist da oder im Wasser. Es gehört uns ganz allein. Wie klar und sauber das Wasser ist. Irgendwann nach einer Stunde, nachdem wir bis zu einer Boje geschwommen sind, gehts dann raus und nach Hause und wir freuen uns auf Kaffee und Frühstück, Dusche und dann ein kleines Nickerchen. So machen das die Einheimischen. Dann gehts zum Markt und das Mittagessen wird gekocht, denn um die Mittagzeit ist es viel zu heiß. Nach 17 Uhr gehts wieder zum Strand, manchmal, bis die Sonne untergeht. Da es um 18 Uhr in den Hotels das Abendessen gibt, wird es auch am Meer wieder ruhiger. Gerne fahre ich am ersten Tag schon ins Landesinnere zu unseren Bauern, wo wir wunderbares Olivenöl und Wein besorgen und sie damit auch unterstützen.

Man kommt heim zu Freunden. Schon 30 Jahre feiern wir meinen Geburtstag in unserem Lieblingsgasthaus. Alma erwartet uns schon sehnsüchtig. Welch tiefe Freundschaft inzwischen entstanden ist! Ihr wunderbarer Mann ist 2020 gestorben, er war der erste Coronatote

Kroatiens, deshalb ging es durch die Medien. Das war sehr tragisch. Gäste hatten ihn angesteckt, er bekam hohes Fieber und verstarb innerhalb weniger Tage. Schon deshalb feiern wir hier und denken an ihn. Nachdem Pfarrer Franz am 18. Juni 2023 verstarb, war das erste Geburtstagsfest ohne ihn sehr schwer. Aber wir haben so gefeiert, wie wir es hier immer getan haben. Das hätte er sich gewünscht. Nach den Fischvorspeisen gibt es Pasta mit reichlich Trüffel, die hier viel weniger kosten als sonst wo auf der Welt, und natürlich einen schönen Fisch und Scampi. Das kühle Zitronensorbet ist eine Spezialität des Hauses und immer hatten Alma und Nino für mich einen Kuchen machen lassen, der mit »Zestra Teresa« beschriftet war. Auch diese Tradition hat Alma weitergeführt. Letztes Jahr, zu meinem 60. Geburtstag, waren viele meiner Freundinnen aus Deutschland dabei und es war himmlisch schön.

Als unsere Kommunität vom Erzbistum Bamberg am Pfingstfest 1994 gegründet wurde, machten wir im August eine Wallfahrt nach Assisi und Rom, bevor wir nach Kroatien ans Meer in das Ferienhaus meiner Mama fuhren. Wir steuerten in Rom die bedeutende Marienkirche Santa Maria Maggiore an. Sie ist meine Lieblingskirche.

Der Legende nach waren der Adelige Johannes und seine Ehefrau kinderlos und sie beteten, dass die Mutter Gottes einen Erben für sie aussehen möge, dem sie ihr Vermögen hinterlassen könnten. »Unsere Liebe Frau« Maria erschien ihnen in der Nacht auf den 5. August in einem Traum. Sie wünschte, dass sie eine Kirche auf dem Hügel Esquilin bauen sollen. Als Zeichen erhielten sie die Versicherung, dass der genaue Standort im Schnee erkennbar sein werde. Während jenes heißen Sommerabends zeichnete ein geheimnisvoller Schneefall die Umrisse der Basilika auf den Hügel nach. Auch erschien die Gottesmutter in der gleichen Nacht dem Papst Liberius in einem Traum, so dass auch er zur Stelle gelangen konnte, um den geheimnisvollen Schneefall zu sehen. Viele Leute kamen zusammen, um die ungewöhnliche Begebenheit zu sehen, wie der Schnee in der Augustsonne glitzerte. Beim Erwachen eilten Johannes und seine Ehefrau zu der besagten Stelle und Papst Liberius traf in feierlicher Prozession ein. Sie stellten fest, dass der Schnee den genauen Standort der Kirche kennzeichnete, und steckten den Bereich ab, bevor der Schnee geschmolzen war. Die Basilika wurde innerhalb von zwei Jahren fertiggestellt und von Papst Liberius eingeweiht; deshalb wird sie manchmal auch als liberianische Basilika bezeichnet. Vom siebten Jahrhundert an wurde sie als Santa Maria Maggiore bezeichnet. Die Basilika ist auch zum Gedenken an den geheimnisvollen Schneefall »Unsere Liebe Frau vom Schnee« genannt worden. Unter ihren großen Kostbarkeiten ist ein Gemälde der Madonna mit Kind, das als *Salus Populi Romani*, die Beschützerin des römischen Volkes, bekannt ist und das dem heiligen Lukas zugeschrieben wird. Das liturgische Fest der Weihe der Basilika Santa Maria Maggiore wird jedes Jahr am 5. August gefeiert. An diesem Tag wird jedes Jahr ein schöner Brauch in Erinnerung an den geheimnisvollen Schneefall beibehalten. Am Schluss der feierlichen Messe fällt ein Schauer weißer Rosenblütenblätter aus der Kuppel der Kapelle von Unserer Lieben Frau.

Vielleicht liebe ich weiße Rosen deshalb so sehr. Nie vergesse ich den Moment, als wir in Santa Maria Maggiore waren und in der Kapelle des Gnadenbildes die Messe mitfeierten. Gottes Verheißung hat sich erfüllt. Es war richtig, unsere Orden zu verlassen und die kleine Kommunität zu gründen. Nach dem Gottesdienst waren meine schlimmen Kopfschmerzen, die ich seit Monaten vorher hatte, weg. Wir weinten vor Freude. Danke, guter Gott. Wir genossen danach den Petersdom und die Sehenswürdigkeiten Roms. Das war mein erster Besuch in Rom und es sollten noch viele folgen.

Haben Sie einen besonderen Ort, eine Kapelle oder Kirche auf der Welt, die Ihnen sehr viel bedeutet? An dem Sie eine geistliche Erfahrung gemacht haben? Wo Sie den Himmel näher spürten, Ihnen eine besondere Gnade zuteilwurde? Heilige Orte entstehen an markanten Stellen, wo Menschen eine existenzielle Stärkung ihrer Glaubens- oder Lebensenergien erfahren und die Nähe des Göttlichen empfinden und Geborgenheit erleben. Heilige Orte gewinnen im Laufe der Lebensgeschichte hohe Bedeutung für uns Menschen.

Nirgends wird der Siegeszug des Christentums deutlicher als in Rom. Wer schon mal in den Katakomben war oder im Kolosseum, bekommt eine Ahnung, welche unglaubliche Geschichte das Christentum erlebte, als die ersten Christen verfolgt und den Löwen zum Fraß vorgeworfen wurden, diese aber Jesus preisend in den Tod gegangen waren. So viele Missionare und Klöster und Heilige waren notwendig, um den Glauben an den Auferstandenen zu verbreiten. Mit wie viel Begeisterung sind die ersten Christen in die Nachfolge ihres Herrn gegangen. Wie begeistert hatten sie von den Wundertaten und Predigten des Jesus von Nazareth berichtet. Wer hatte je zuvor Wasser in Wein verwandelt? Wer hatte je zuvor den Sturm gestillt, war über das Wasser gelaufen, hatte Blinde sehend gemacht und Tote zum Leben erweckt? Welcher religiöse Führer hat je mit Sündern gegessen, Aussätzige berührt, war Ausgestoßenen aller Art so nahe gekommen? Welcher Zimmermann erlaubte es sich, im Tempel ohne »Theologie«-Studium zu lehren und die jahrtausendealten Schriften in den Synagogen auszulegen und sie auf sich selbst zu beziehen?

Wer ließ sich als Mann von fremden Frauen ansprechen, berühren, salben und begleiten? Wer hatte je gelehrt, die andere Wange hinzuhalten oder sich freiwillig beschimpfen, verleugnen und verfolgen zu lassen und dabei vor Freude zu jauchzen? Ja, wer hatte je dazu aufgefordert, die Feinde zu lieben und ihnen bedingungslos jede Tat, mag sie noch so abscheulich und verbrecherisch sein, zu vergeben? Und welcher unschuldige Mensch, der behauptete, König zu sein, ließ sich wehrlos einsperren, auf brutale Weise foltern, geißeln und ans Kreuz nageln, um damit die Sünde und Schuld des ganzen Volkes, ja der ganzen Menschheit auf sich zu nehmen?

Jesus Christus hatte den Tod besiegt und seine Verheißung wahrgemacht. Als er sich als Auferstandener bei seinen Jüngern sehen ließ, waren sie danach wie ausgewechselt und wurden zu Aposteln der Kirche. In diesem Augenblick wurden aus verängstigten Jüngern mutige Zeugen Seiner Botschaft. Selbst aus dem radikalen Gegner und Verfolger Saulus wurde Paulus, ein unermüdlicher Missionar, der zahlreiche Hauskreise und Gemeinden gründete. Jesus Christus, der Auferstandene, hatte Sein Licht, Seine frohmachende Botschaft, Seinen Beistand und Sein Mahl hinterlassen, um für immer im Kreise seiner Gläubigen gegenwärtig zu sein. In den ersten Jahren nach der Auferstehung waren aus vielen Juden und Heiden Christen geworden, die sich und ihre ganze Familie taufen ließen. Sie gingen den »Neuen Weg« und folgten der neuen Botschaft eines explosiven Evangeliums, das durch Nächstenliebe und Vergebung das Denken und Handeln der Menschen auf den Kopf stellte und für immer die Welt verändern sollte. Die ersten Christen teilten alles, was sie besaßen, und feierten in ihren Häusern das Herrenmahl. Das kannte die damalige Welt noch nicht. Das kannten die Römer nicht. Ich finde es immer spannend, uns an die Wurzeln unseres Glaubens zu erinnern. Ist es nicht unvorstellbar? Es gab so viele Machthaber und große bedeutende Persönlichkeiten der Menschheitsgeschichte. Alle sind sie tot. Nur einer lebt. Einer hat den Tod überwunden und kam wieder, wie er es verheißen hat. Und er brachte diese revolutionäre Botschaft, die die Welt veränderte. Es ist wichtig, sich mit der Geschichte zu befassen. Nicht wie früher in der Schule unter Druck die gelernten Jahreszahlen oder Ereignisse wiedergeben. Sondern aus Freude sich mit dem Ursprung zu beschäftigen. Zurück zur ersten Liebe finden. Überall begegnet sie uns. Unsere Geschichte des Christentums und Glaubens. Ist das nicht faszinierend?

Wie auch immer Sie diesen August verbringen. Ich wünsche Ihnen mächtig viel Freude. Ausgelassenheit, Zeit für sich und Ihre Liebsten. Natur und Sonne. Schönheit und Dynamik. Lebensfreude im Überfluss. Wenn auch nur für ein paar Tage oder Wochen. Ich lächle gerade bei diesen Worten, die ich jetzt schreibe, und ich hoffe, Sie haben auch Grund zu lächeln. Möge es der schönste August Ihres Lebens werden. Warum? Warum nicht!

Wenn die Urlaubszeit anbricht,
kann man es kaum erwarten.
Die Seele baumeln lassen, kein Druck mehr, keine Termine.
Ausschlafen, schwimmen und in der Sonne liegen,
oder wandern oder Städte erkunden.
Einfach mal raus. Nur noch das leidige Kofferpacken
und die Frage, was nehme ich mit.
Und dann einfach mal nichts tun.
Das Leben genießen.

Da horcht Gott auf. Und Er denkt:
»Das wäre schön. Wenn Du mal nichts tun würdest.
Dann hätte ich die Chance vorbeizukommen.
Einfach mal so. Unangemeldet.
Du musst es nur wollen.
Lade mich ein.
Ich platze nicht einfach in Dein Leben.
Ich warte. Sehnsuchtsvoll.
Hab keine Angst!
Ich komme immer anders als Menschen erwarten.
Ich bringe Frieden mit.
Hoffnungsvolle Gedanken.
Zärtliche Liebe.
Nichts vor dem Du Dich fürchten müsstest.
Wir zwei.
Gemeinsam.
Und vielleicht entdeckst Du,
dass ich immer bei Dir bin.
Nur Du bist manchmal nicht bei Dir.«

Teresas August-Rezept

Dorade mit Süßkartoffeln

ZUTATEN

Zutaten für die Dorade
- 2 große Süßkartoffeln
- Salz und frisch gemahlener Pfeffer
- 4 Doradenfilets (alternativ anderes Fischfilet)

Zutaten für die Zitronensauce
- 2 Schalotten
- 1 bis 2 Zitronen
- 1 EL Dinkelmehl (Type 630)
- 150 ml Gemüsebrühe
- 1 TL Kurkumapulver
- 1 Schuss Weißwein
- Salz und frisch gemahlener Pfeffer
- 2 EL kalte Butter

Außerdem:
- Olivenöl zum Bestreichen und Braten
- 1 Prise Liebe

Zubereitung

1. Den Backofen auf 180 ° C (Ober-/Unterhitze) vorheizen. Ein Backblech mit Backpapier belegen.
2. Die Süßkartoffeln schälen und alle 3 bis 4 mm tief ein-, aber nicht durchschneiden. Mit Salz und Pfeffer würzen, mit Olivenöl bestreichen und auf das Backblech setzen. Auf der mittleren Schiene 45 bis 50 Minuten backen.
3. Die Doradenfilets kalt abspülen und trocken tupfen. Für jedes Filet einen halben Bogen Backpapier mit Olivenöl bestreichen. Die Doradenfilets salzen, pfeffern und jeweils auf ein Stück Backpapier geben. Längs einwickeln und die Enden wie Bonbonpapier eindrehen. Mit Küchengarn zusammenbinden.
4. Die letzten 15 Minuten zu den Süßkartoffeln in den Ofen geben. Dafür die Süßkartoffeln nach unten schieben, die Fischpäckchen auf ein zweites Blech geben und auf der mittleren Schiene garen.
5. Für die Sauce die Schalotten schälen und hacken. Die Zitronen auspressen. 1 Esslöffel Öl in einem Topf erhitzen und die Schalotten darin glasig dünsten. Mit dem Mehl bestäuben, dieses kurz anschwitzen und dann unter Rühren die Gemüsebrühe hinzugießen. Kurkuma, Zitronensaft und Weißwein hinzugeben, alles aufkochen und bei kleiner Hitze ca. 5 Minuten köcheln lassen. Wenn die Schalotten weich sind, kann der Topf vom Herd.
6. Kurz vor dem Servieren, die Sauce nochmals aufkochen, mit Salz und Pfeffer abschmecken und die Butter hineinrühren. Mit dem Stabmixer schaumig pürieren. Zum Servieren einen Saucenspiegel auf jeden Teller setzen, darauf jeweils ein Doradenfilet legen und ein paar Scheiben Süßkartoffel dazu reichen.

Rezept aus: Teresa Zukic / Jalid Sehouli, Unsere Energieküche. Die besten Rezepte gegen Erschöpfung und Müdigkeit © Kneipp Verlag in Verlagsgruppe Styria GmbH & Co. KG, Wien 2023.

Energieöl: zu bestellen auf www.schwester-teresa.de, Erlöse zu Gunsten der Krebsinitiative

Platz für eigene Gedanken

September

Wer pilgert, erkennt seinen Weg

von Eva-Maria Popp

Im römischen Kalender war der September zunächst der siebte Monat im Jahr. Aus ihm wurde später der neunte Monat, in dessen Namen sich das lateinische »septem« für Sieben erhalten hat. Eines der acht keltischen Jahresfeste, Mabon, fand um die Tag- und Nachtgleiche am 21. September statt. Dieses Fest steht für den Abschluss der Erntezeit, für den Abschied des Sommers und die Vorbereitung auf den Winter. Spirituell gesehen ist es die Zeit der ersten Rückschau, des Dankens und des Wünschens.

Auch in unserer modernen Gesellschaft und Arbeitskultur entwickelt sich der September zum heimlichen Jahreswechsel. Der Urlaub ist für alle vorbei, die Schule hat wieder begonnen, das Geschäftsleben kehrt zur alten Geschwindigkeit zurück. Ein Grund mehr und ein guter Zeitpunkt, nochmals innezuhalten, bevor »es wieder richtig losgeht«. Nutzen Sie die milde und nicht zu heiße Sonne des Septembers für ein Innehalten der besonderen Art – das Pilgern.

Pilgern ist eine sanfte, aber sehr wirksame Weise, im wahrsten Sinne des Wortes auf den Boden der Tatsachen zurückzukehren und sich die Bodenhaftung zu holen.

Wer pilgert, spürt und erkennt sich selbst.

Wer pilgert, erkennt die wahren Werte des eigenen Lebens.

Wer pilgert, erkennt seine Ziele für die Zukunft.

Wer pilgert, erkennt seinen Weg.

Es gibt so viele Begriffe, die mit dem Gehen und/oder anderen Bewegungsformen zu tun haben, doch eigentlich meinen wir damit psychologische Begriffe:

Mein Vorhaben schreitet voran.

Du begehst einen Fehler.

Lass dich nicht gehen.

Es geht voran.

Bewegung ins Leben bringen.

Es bewegt sich was.
Erkenne deinen Weg.
Ich stecke fest.
Ein Ritt auf der Rasierklinge.
Viele Wege führen nach Rom.
Du musst dir ein Ziel stecken.
Die Zeit vergeht schleichend.
Holprig durchs Leben gehen.
Sich in einer Sache ergehen.

Der Schauspieler Samuel Koch, der nach einem tragischen Unfall bei »Wetten, dass…?« im Rollstuhl sitzt, sagt über das Gehen und Stehen, dass es ein hohes Gut sei, das man erst schätzt, wenn man es nicht mehr hat. Er genießt es, regelmäßig in einer computergestützten Apparatur aufrecht zu stehen und bewegt durch die Apparatur gehen zu dürfen. Es sei etwas Wunderbares, endlich wieder Druck auf den Knien und Hüftgelenken zu spüren und vorwärtszugehen, meint er. Es ist ihm sehr wichtig, dass er jetzt schon gehen lernt, um bereit zu sein, wenn die Medizin und/oder Robotik einen Weg gefunden hat, um querschnittsgelähmten Menschen das Gehen aus eigener Kraft zu ermöglichen. Das nenne ich positiv denken und es erklärt auf eindrucksvolle Art und Weise, was es heißt, nicht aufzugeben.

Außerdem bekommt der Satz: »Ich gehe aufrecht durchs Leben« eine ganz andere Bedeutung. Und schließlich hat auch der aufrechte Gang das Säugetier Mensch erst zum Homo sapiens sapiens gemacht, der wir jetzt sind. Gehen ist wichtig in unserem Leben und spielt sowohl für unsere Seele als auch unseren Körper eine sehr große Rolle. Mit dem Gehen hinterlassen wir im wahrsten Sinne des Wortes einen Fußabdruck auf unserem Weg. Gehen bringt Bewegung ins Leben.

Ich liebe das Gehen, obwohl oder gerade deshalb, weil ich gehbehindert bin. Meine Einschränkung zeigt mir deutlich, wie wertvoll das Gehen ist. Wenn ich über einem neuen Projekt brüte, wenn ich neue Ideen brauche, wenn ich ein Problem wälze, wenn ich nach Lösungen suche, wenn ich ein neues Buch beginne, wenn ich eine Strategie für ein bestimmtes Vorhaben stricke … All diese einzelnen Aufgaben erledige ich im Gehen. Das Gehen macht den Weg frei in meinem Kopf, es beseitigt Blockaden und hilft mir auf die Sprünge. Sogar auswendig lernen kann ich besser im Gehen bewältigen als im Sitzen.

Deshalb kann ich Ihnen das Gehen wirklich ans Herz legen und empfehlen. Auch das Gehen als Ritual tut unglaublich gut. Suchen Sie sich eine Wegstrecke aus, die Sie gerne mögen und gehen Sie diese täglich ab. Das bringt Ruhe und Beständigkeit ins Leben.

Zurück zum Pilgern: Je nach körperlicher Verfassung bedeutet pilgern, sich hinzugeben. Was für die eine Person ein mehrtägiger Pilgergang auf dem Jakobsweg bis nach Santiago de Compostela ist, kann für einen älteren Menschen mit Rollator der Gang zum Friedhof sein, der »nur« 15 Minuten dauert.

Pilgern kann eine tiefere Verbindung zu Gott und zu sich selbst fördern und zur aktiveren Teilnahme am christlichen Glauben ermutigen. Viele Christen fühlen sich Gott beim Pilgern besonders nahe. Auch Nichtgläubige oder areligiöse Menschen können beim Pilgern eine bedeutungsvolle Erfahrung machen. Zudem schärft Pilgern das Bewusstsein für die Natur und die Umwelt und fördert deren Wertschätzung.

Das Wort »pilgern« stammt vom lateinischen Verb »peregre«, was »über den eigenen Acker hinausgehen« bedeutet. Ein Pilger verlässt also seine vertraute Umgebung und begibt sich auf eine Reise ins Unbekannte. Ein mittelalterliches Pilgerlied beschreibt dies als »das Elend wagen«. Seit dem 8. Jahrhundert werden Pilger »piligrim« genannt, ein Begriff, der sich im englischen »pilgrim« und »pilgrimage« erhalten hat.

Pilgern wird als Fußreise zu einer religiös verehrten Stätte verstanden, was heute auch als Wallfahrt bekannt ist. Im Deutschen wird zwischen Pilgern und Wallfahren unterschieden, während andere Sprachen beide Begriffe mit ‚pilgern' abdecken.

Wallfahren bedeutet, in gemessenem Schritt voranzuschreiten, traditionell in Form einer Prozession. Viele Menschen machen sich gemeinsam auf den Weg, beten dabei und fokussieren sich auf das Ziel der heiligen Stätte. Beim Pilgern hingegen ist der Weg ebenso bedeutend wie das Ziel; der Prozess des Unterwegsseins ist zentral.

Während das Wallfahren das Erreichen der heiligen Stätte in den Vordergrund stellt, liegt beim Pilgern gleichermaßen Gewicht auf dem Weg und dem Ziel. Es geht dabei nicht um ein »entweder – oder«, sondern um ein »sowohl – als auch«, wobei der Schwerpunkt unterschiedlich gesetzt werden kann.

Was unterscheidet das Wandern vom Pilgern? Das kann man nicht so eindeutig trennen und doch ergibt es einen großen Unterschied: Wandern ist ein Bestandteil des Pilgerns, das heißt, das

Wandern ist im Pilgern inbegriffen. Wobei der religiöse bzw. spirituelle Aspekt als fester Bestandteil zum Pilgern gehört. Wenn auch am Anfang einer Challenge – so würde ich es bezeichnen, wenn Menschen einfach nur die Herausforderung in einer langen Wanderung sehen – der Aspekt der Selbstfindung mit inbegriffen ist. So passiert es nicht selten, dass Menschen loswandern auf einem traditionellen Pilgerweg, zum Beispiel dem Jakobsweg. Sie starten als Wandernde und kommen zurück als Pilgernde.

Pilgern finden wir in jeder Religion. Es ist mit vielen Traditionen und Ritualen verbunden. Pilgern ist eine Art der Meditation. Durch die Gleichförmigkeit der Bewegung, Schritt für Schritt legt sich dieser Rhythmus als beruhigender Faktor auf die Seele.

Die psychologische Bedeutung ist sicherlich die Tatsache, dass der Pilgernde eine Wegstrecke zurücklegt, die der Kondition und körperlichen Verfassung entsprechend, eine Herausforderung darstellt. Das Ziel ist in weiter Ferne. Schaffe ich es ans Ziel? Diese Frage stellen sich die Pilgernden zu Anfang des Pilgerwegs. Während der zurückzulegenden Wegstrecke wird die Befindlichkeit hart und härter. Am Ziel anzukommen, bedeutet ein großes Glücksgefühl mit einem hohen Lerneffekt für viele Lebensereignisse. Ja, ich schaffe, was ich mir vornehme.

Ähnlich wie beim Laufen wird durch das gleichförmige Gehen das Glückshormon Dopamin ausgeschüttet, das uns die Schmerzen und Anstrengungen teilweise vergessen lässt.

Fakt ist – Pilgernde sind Menschen auf der Suche nach dem Sinn des Lebens. Das Leben an sich ist göttlich – auf diese Weise finden Pilgernde immer zu Gott – auch wenn sie in ihm eine andere Bedeutung sehen oder ihn sogar negieren.

Menschen, die Gott und/oder das Göttliche und ihren Sinn des Lebens gefunden haben, sind glückliche, zufriedene und friedliebende Menschen. Sie leben in Balance und sind große Vorbilder für uns alle. Von ihnen geht eine göttliche Ruhe und Gelassenheit aus. Diese Menschen brauchen wir in unserer schnelllebigen und oberflächlichen Zeit.

Deshalb kommt dem Pilgern eine wunderbare Rolle in unserer Gesellschaft zu.

Wann machen Sie sich auf Ihren persönlichen Pilgerweg?

Viel Freude, viel Glück und viel Erfolg auf dem Weg zum inneren Frieden.

*Wenn du dein Seelen-Navi auf Glück programmierst,
wirst du es immer und überall finden.*

Mit Beherztheit starten

von Schwester Teresa Zukic

Wir begannen nach dem Urlaub immer mit dem Geburtstag von Pfarrer Franz am 4. September, den wir gemeinsam feierten. Dabei haben wir meinen Geburtstag immer gleich mit nachgefeiert. Nicht nur wir waren in der Urlaubszeit nicht da, sondern viele andere unserer Freunde ebenfalls. Daraus ist jetzt ein wunderschöner Gedenktag für unsere Freunde geworden und so soll es auch bleiben. Es gibt für mich nichts Größeres, als mit meinen Freunden zu feiern. Franz war ein perfekter Gastgeber, schenkte gerne aus und nach und ich liebte es, unsere treuen Liebsten zu verwöhnen. So startet man doch gerne in die Herbstsaison und das volle Programm im September.

September steht für mich als Übergangsmonat. Der Sommer geht zu Ende. Der Schulbetrieb startet und damit beginnt für viele Erstklässler der Ernst des Lebens. Die Tage, bevor die Schule losging, nutzte ich mit meinem Team für die letzten Vorbereitungen und Besprechungen für das neue Abenteuerland. Es ist der Telefonmonat, denn alle gebuchten Vorträge müssen ja noch mit den Veranstaltern besprochen werden. Reisepläne müssen gemacht und Hotels rechtzeitig gebucht werden. Das ist manchmal schon eine Tüftelarbeit. Andere würden wahrscheinlich erschrecken, wenn sie meinen Terminplan sehen, aber für mich ist es die pure Freude.

Kulinarisch steht der September für Ernte, Weinlese, eine Fülle an Obst und Gemüse auf dem Markt. Ich denke von Herzen gerne an mein geliebtes Südtirol und meine Freunde, deren Gala-Apfelernte langsam beginnt und mit der Ernte der Pink-Lady-Äpfel, Ende Oktober und Anfang November, endet.

Gerne denke ich an das Oktoberfest auf der Wiesn in München. Alle paar Jahre waren auch wir beim bunten Treiben. Wir sind aber immer nur mittags da gewesen, in den Seitennischen, haben unser Hendl oder unseren Radi gegessen oder eine Maß getrunken. Wir waren immer im Schottenhamel-Zelt. Es war immer lustig, egal, mit wem wir auch da waren. Aber vor 15 Uhr waren wir raus aus dem Zelt, wenn es zur Sache ging. Die Bedienung erkannte uns, auch wenn wir nicht jedes Jahr kamen. Gerne fuhren wir auch Riesenrad. Ich liebte es auch, in der Schießbude ein Fotobild zu schießen. Das konnte ich ausgezeichnet! Schon als Jugendliche hat es mir mein Vater beigebracht. Die verdutzten Gesichter beim Personal im Wagen waren schon in Jugendzeiten köstlich, wenn ein Mädchen so gut zielen konnte, und noch mehr, wenn dann eine Ordensschwester nur drei Schuss benötigte, bis es blitzte.

Ich liebe im September das bunte Laub, eine Farbenpracht allerorts, egal wohin mich meine Vortragstouren bringen. Und wie sehr liebe ich Sonnenblumen, an denen ich mich nicht sattsehen kann. Insekten saugen die letzte Nahrung aus Blüten und Früchten. Der Altweibersommer schenkt zauberhafte Natureindrücke und auch der Morgennebel beginnt. Das Licht steht tiefer und die Tage werden dunkler. Zugvögel machen sich auf ihren Wegen in den Süden und auch die Pilzsammler bewegen sich in den Wald. Jeder Monat ist Geschenk der Natur, den Gott sich für uns ausgedacht hat.

Seit dem 11.9.2001 erinnert mich Facebook immer an die eingestürzten Türme des World Trade Center. Franz hatte fantastische Bilder von ihnen gemacht, als wir sie kurz vorher während einer Sightseeing-Tour in New York besuchten. Auch wir verfolgten von vormittags an die entsetzlichen Dauerwiederholungen, wie die Maschinen zuerst den ersten Turm und dann den zweiten Turm trafen. Es hätte uns auch treffen können. Unfassbar, unbegreiflich, entsetzlich.

Wir nahmen das Thema gleich beim monatlichen Go X Gottesdienst auf. Ich rief den Imam in Bayreuth an, den Rabbi in Bamberg und den evangelischen Diakon in Pegnitz. Den Imam und Rabbiner besuchte ich im Vorfeld. Ja, es war beeindruckend. In einer Moschee war ich bis dahin noch nie gewesen. In der Synagoge schon öfters. Wir wollten einen Gedenkgottesdienst machen und baten die Geistlichen, Gebete auszusuchen und Worte vorzubereiten, was sie Menschen nach so einem schrecklichen Attentat als Trost sagen könnten. Die Kirche war rappelvoll. Als der Rabbi ein Lied auf Hebräisch in unserer Kirche sang, bekam nicht nur ich Gänsehaut. Ebenso auch beim Lied des Imams. Pfarrer Franz sagte wunderbare Worte, ebenso der evangelische Dekan. Ich moderierte wie immer den »Gottesdienst extra«, den wir speziell für Suchende eingerichtet hatten. Unsere Lobpreisband spielte und wir machten mit dem Team auch ein Anspiel. Viele Fürbitten wurden an diesem Abend von den Besuchern niedergeschrieben. Ein unvergessener, ergreifender Gottesdienst. Der 14. September bedeutet mir unermesslich viel. Es ist das Fest Kreuzerhöhung, das wir in der katholischen und orthodoxen Kirche feiern. »Festum in exaltatione sanctae Crucis«. Die armenische Kirche und protestantische Gemeinschaften begehen es mit einem Gedenktag. Der Tag hat seinen Ursprung in der Auffindung des Kreuzes Christi durch die heilige Helena, die Mutter von Kaiser Konstantin dem Großen, in Jerusalem. Konstantin ließ an dieser Stelle die Grabeskirche erbauen, die am 13. September 335 geweiht wurde. Ein Tag nach der Weihe, am 14. September, soll den Gläubigen das Kreuz erstmals hocherhoben gezeigt worden sein. Was das mit mir zu tun hat? Keine Ahnung. Ich denke jedes Jahr darüber nach. Aber es war die Nacht zum 14. September, als ich um 2 Uhr morgens im Sportinternat nicht schlafen konnte und zu einem Buch griff. Es war die Bibel. Ich schlug irgendwo auf und erwischte die Bergpredigt, die mein Leben komplett auf den Kopf stellte. Die ganze Nacht las ich darin und ließ mich von Jesu Worten infizieren. Bei meinem morgendlichen Trainingslauf durch den Wald sah ich zwei dickere Äste an einem Baum. Ich nahm sie mit nach Hause und mit einer Kordel band ich die beiden Teile zu einem Kreuz zusammen und hängte sie von da an über mein Bett. Auch heute hängen sie noch dort, inzwischen wurden sie geweiht. Als die Zeitschrift GEO mich anfragte, ob sie einen Bericht über meine Bekehrung machen dürften, fotografierten sie auch mein »schlichtes Holzkreuz«. Sie machten eine Serie über heilige Orte und Gegenstände. Stimmt, dieses Kreuz ist mir heilig und bedeutet mir unendlich viel. Der Beginn meines Glaubens. Natürlich machten sie auch ein Foto auf dem Skateboard und berichteten von meiner außergewöhnlichen Bekehrung. Aber wie lange sie für das eine Foto von meinem Kreuz brauchten, werde ich bis heute nicht verstehen. Eben mega professionell. Jedenfalls hat es mich von da an immer begleitet. Mein Kreuz. Meine Liebe. Mein Leben.

Ich mag den September, wenn es wieder so richtig losgeht. Ich lebe so gerne und ich habe so viel Freude an meiner Arbeit für die Menschen. Für mich gehören geröstete Kastanien, Zwiebelkuchen oder Quiche und Federweißer zu einem schönen Septemberabend mit Freunden dazu. Federweißer ist ein Traubenmost, der sich in der Gärung befindet und je nach Vorliebe von süß bis trocken genossen werden kann. Zu Beginn der Gärung ähnelt er eher einem Traubensaft als einem Wein, hat einen süßeren Geschmack und einen niedrigen Alkoholgehalt von etwa 4 Prozent.

Der Federweißer ist jedoch nicht nur schmackhaft, sondern auch gesund. Er fördert die Verdauung – aber Achtung, zu viel von dem süßen Most und die Wirkung schießt über das eigentliche Ziel hinaus – und enthält biochemisch aktive Hefezellen und Milchsäurebakterien sowie Mineralien und B-Vitamine. Auch eine blutreinigende und entschlackende Wirkung wird dem Federweißen zugeschrieben. Auf jeden Fall etwas Besonderes.

Das wäre doch eine schöne Idee für den September: Laden Sie Ihre Freunde ein. Kastanien müssen nur eingeritzt werden und können im Backofen oder auf dem Grill geröstet werden. Und das passende Rezept für den Zwiebelkuchen gibt's von mir. Himmel im Mund. Dazu eines meiner liebsten Gedichte von Rainer Maria Rilke: »Herr der Sommer war sehr groß…« Viel Freude dabei.

Wie bunt die Natur,
der Herbst beginnt.
Ich liebe seine Farben.

Ich halt Dir hin
was wir erlebt,
manch Einsicht neu erwarben.

Das Leben kann so
heiter sein.
Es ist so schön zu leben.

Und möcht von
meiner Freude gar,
ein Stück auch andern geben.

Für jede Jahreszeit,
die uns geschenkt,
will ich Gott Danke sagen

Für jedes neue Abenteuer
beherzt die Liebe
wagen.

Teresas September-Rezept

Asiatischer Minigurkensalat à la Teresa

ZUTATEN

- 2 bis 3 Minigurken
- 1 Knoblauchzehe /
  1 Stück Ingwer reiben
- 1 TL Chiliflocken oder
  frische Chili
- 1 TL Sesamöl
- 2 TL Reisessig oder
  Limettensaft
- 2 TL Sojasauce
- 1 TL Honig oder
  Agavendicksaft
- Sesamsaat geröstet
- 1 Frühlingszwiebel
- 1 Prise Liebe ❤️

Zubereitung

1. Die Minigurken waschen und Enden abschneiden.
2. Gurke jeweils zwischen 2 Essstäbchen legen. Gurken 45 Grad schräg in Scheiben einschneiden, sodass sie unten noch zusammenhängen. Gurken umdrehen und nun erneut gerade in Scheiben einschneiden. Die Gurke ist aufgefächert und hält dennoch zusammen. Das Dressing kann besser aufgenommen werden.
3. Den Knoblauch und Ingwer schälen und fein reiben oder hacken.
4. Limette halbieren und Saft auspressen.
5. In einer Schüssel Sesamöl, Reisessig, Sojasauce, Limettensaft, Knoblauch, Ingwer, Chili und Zucker verrühren. Gurken gut mit dem Dressing vermengen und ca. 15 Min. ziehen lassen
6. Gurkensalat mit Sesam bestreuen und servieren.

Platz für eigene Gedanken

Oktober

Farben sammeln für den Winter

von Eva-Maria Popp

Im Oktober entfaltet die Natur nochmals ihre ganze Kraft und Energie. Die Winteräpfel beeindrucken durch ihren roten Glanz und hängen üppig und erntereif an den Bäumen. Das Wintergemüse steht prachtvoll auf den Feldern und in den Gärten und wartet darauf, geerntet zu werden. Die Sonne schenkt uns ihre letzten wärmenden Strahlen, die Blätter der Bäume wetteifern in ihrer unglaublichen Farbenpracht, um unsere Aufmerksamkeit zu erhaschen – bevor alles grau und dunkel wird. Ja, das Leben ist schön, bunt und reich an Gaben – und trotzdem!

Es beschleicht uns ein kräftiges Gefühl von Abschied. – Zumindest eine Vorahnung davon. Schnell wische ich die Gedanken wieder beiseite. Jetzt heißt es den Herbst in vollen Zügen genießen und genug Sonne und Energie tanken für einen langen Winter.

Wie die Eichhörnchen oder die Feldhamster, die emsig Feld- und Waldfrüchte sammeln und bunkern, sollten wir wertvolle Energievorräte für unsere Seele ernten. Um unser »sonniges Gemüt« aufzutanken, um genug Vorrat für die trüben Novembertage und die langen und kalten Wintermonate zu haben, braucht es volle Vorratsspeicher an freundlicher Sonnenenergie, aber auch an Farbe und Schönheit.

Deshalb schreibe ich für Sie in diesem Oktoberkapitel über den Sehsinn.

Ich habe Sie in den ersten Kapiteln dieses Buches mitgenommen in das Reich der Sinne. Wir haben darüber gesprochen, dass wir alle unsere Sinne intensiv üben und bewusst benutzen müssen, um – im wahrsten Sinne des Wortes – ein sinnvolles Leben zu haben.

Wer seine Sinne benutzt, hat ein zufriedenes und glückliches Leben. Wir haben darüber gesprochen, dass es fünf Sinne gibt: Sehen – Hören – Riechen – Schmecken – Tasten/Fühlen

Wenn wir all diese fünf Sinne regelmäßig und bewusst einsetzen und uns mit diesen Sinnen beschäftigen, entwickeln sich daraus der sechste und siebte Sinn, die man auch mit Bauchgefühl und Intuition gleichsetzen kann. Das Leben mit allen Sinnen ist somit die Basis für ein zufriedenes Leben und das Lebensglück.

So weit die Wiederholung dieser wichtigen Inhalte, damit Sie diese Zusammenhänge wirklich ernst nehmen und vor allem noch heute mit dem Üben beginnen!

Das bewusste Riechen, Schmecken und Fühlen habe ich bereits in den Kapiteln zum Januar, März und April mit Ihnen geübt.

Der Sehsinn

Im Oktober möchte ich Sie mit auf die Reise zu einem geschulten Sehsinn nehmen. Der Sehsinn und unsere Augen sind ständig überlastet. Wir benötigen die Augen am häufigsten. Wir fahren Auto, wir lesen, wir arbeiten vor dem Computer, wir sehen fern. Somit wird dieser Sinn ständig benutzt. Ein großes Problem ist dabei jedoch, dass die Augen sehr überanstrengt werden. Wir können unseren Sehsinn nicht mehr entlasten bzw. wir gebrauchen ihn immer auf dieselbe ermüdende Art und Weise. Das heißt, wir praktizieren ein gezieltes Wahrnehmen, um anschließend zu verarbeiten. Beim Autofahren wird der Sehsinn sogar besonders belastet, weil die Bilderfolge schnell auf uns einwirkt und unser Gehirn ständig ausfiltern muss, sonst würde es die Bilderflut gar nicht aushalten. Dies gilt ebenso für das Fernsehen. Nun kennen Sie den Grund, warum wir im wahrsten Sinne des Wortes sehr kopflastig werden. Wir beschäftigen uns nur noch mit Wissen und Fakten, die wir irgendwo und irgendwie in Zusammenhang bringen müssen und auf die wir zu reagieren versuchen.

Ist das wirklich die optimale Weise, den Sehsinn zu befriedigen? Schließlich ist es eine wirkliche Bereicherung, Sinne zu haben und mit den Sinnen zu arbeiten.

Eine kleine Sehübung

Wie wäre es, Ihren Sehsinn einmal am Tag für eine Minute wirklich ernst zu nehmen? Nehmen Sie sich Zeit und erleben Sie die bunte Natur mit allen Sinnen!

Setzen Sie sich auf eine Bank im eigenen Garten oder im Park. Lassen Sie den Blick über die Natur streifen und machen Sie Halt an einem »Blickfang«, der Sie besonders anzieht.

Das kann eine schöne Blume, ein besonders attraktiver Ausblick, ein Baumstamm oder das Muster der Rinde sein. Im Herbst ist natürlich die bunte Blätterpracht ein Gesamtkunstwerk, auf das wir unseren Blick richten können. Betrachten Sie das Objekt Ihrer Wahl gezielt eine Minute lang. Auf diese Weise entlasten Sie Ihre überreizten Augen, weil sie zur Ruhe kommen. Gleichzeitig befriedigen Sie Ihren Sehsinn, weil er auf ein attraktives Objekt angesetzt wird.

Führen Sie diese Übung zuhause weiter. Dort können Sie auch schöne Gegenstände aus Ihrer Wohnung für Ihre kleine Seh- und Sinnesschule verwenden! Wichtig ist: Nehmen Sie bewusst auf, was Sie sehen. Sie können auch aufstehen und an Ihrem Objekt schnuppern, es anfassen und darüber streicheln. Auf alle Fälle ist diese Arbeit mit dem Sehsinn und mit allen Sinnen eine besondere Form der Meditation und der Kontemplation.

Diese Arbeit mit allen Sinnen schenkt Zufriedenheit und bringt unsere Seele in Einklang.

Nun stellen Sie sich vor, wie Sie dieses Naturerlebnis in Ihrem virtuellen Speicher abspeichern. Wo sitzt dieser Speicher bei Ihnen? Bei mir sitzt er eindeutig im Kopf. Das kann bei Ihnen eine andere Stelle im Körper sein, an der Sie diesen Energiespeicher lokalisieren. Achten Sie darauf, dass Sie diesen Speicher jeden Tag bewusst befüllen, dann haben Sie einen großen, bunten und warmen Vorrat, von dem Sie in der dunklen und kalten Jahreszeit zehren können.

Diese Übung können Sie ausdehnen und auch mit vielen anderen Erlebnissen praktizieren. Zum Beispiel mit schöner Musik, mit einem Spaziergang, mit einem guten Gespräch mit Freunden, mit dem Lachen der Enkelkinder, mit einem bezaubernden Film, den Sie im Fernsehen ansehen.

Es gibt unzählige Möglichkeiten für das Sammeln schöner Erlebnisse. Sie sind es, die uns die dunklen Zeiten erhellen und Licht spenden, wenn es in unserer Seele finster wird.

Kennen Sie das alte Sprichwort: »Spare in der Zeit, dann hast du in der Not«?

Ich tausche das Wort sparen gegen sammeln aus: »Sammle in der Zeit, dann hast du in der Not.«

Es gibt in jedem Leben Zeiten, die uns herausfordern, die uns an unsere Grenzen bringen, die uns spüren lassen, dass wir nicht allmächtig sind, sondern das Schicksal unseren Weg bestimmt.

Dann ist es gut, wenn wir einen Vorrat an guten Gedanken und schönen Erinnerungen haben, die Licht ins Dunkel bringen.

Wichtig zu wissen: Du bist es selbst, der beizeiten sammeln sollte. Das macht keiner für dich. Also beginne HEUTE damit, deinen Vorrat anzulegen. Je besser deine Speicher gefüllt sind, umso mehr kannst du davon profitieren.

Wenn Sie diese Zeilen lesen und das Kind schon in den Brunnen gefallen ist, dann ist das auch nicht schlimm. Sie können jederzeit nachholen und aufholen. Es gibt jeden Tag gute Gelegenheiten, auch in schweren Zeiten, das Schöne im Leben zu sehen und einen leeren Speicher allmählich aufzufüllen, damit sich das Lebensglück langsam, aber sicher wieder einstellt im Leben.

Ich gebe Ihnen ein Beispiel aus meinem eigenen Leben: Nach einer schweren Operation an meinem rechten Fuß – insgesamt wurde ich innerhalb einer Woche viermal operiert – war ich am Ende meiner Kräfte. Ich lag unbeweglich im Bett, voller Schmerzen und voller Furcht vor der Zukunft. Werde ich wieder gehen können? Wann werden die Schmerzen endlich aufhören? Da trat eine Krankenschwester als meine persönliche Hoffnungsträgerin an mein Bett. Sie hat mich ganz leicht und sanft an meinem Arm berührt, voller Empathie, und hat mich getröstet: »Ich weiß, welche Schmerzen Sie haben. Glauben Sie mir, die Schmerzmittel werden bald helfen.«

Ich weiß nicht, was mir mehr geholfen hat, die Worte des Trostes, die Tatsache, dass sie mich verstanden hat, oder die leichte Berührung am Arm. Wenn ich mich gedanklich nochmal in die Situation begebe, dann war es wohl die Berührung am Arm, mit der sie meine Seele und somit mich berührt hat. Ich werde diese Berührung nie vergessen. Dieses Erlebnis liegt schon lange zurück, trotzdem denke ich öfter daran, eben weil diese gute Fee in Schwesterntracht mich nachhaltig berührt hat, an Körper, Geist und Seele.

Doch ich war es, die diese Berührung zugelassen hat. Ich habe ihren guten Willen, ihre gute Hilfsabsicht wahrgenommen, aufgenommen und habe ihr Eintritt in mein Fühlen und meine Seele gegeben. Somit hatte auch ich einen eigenen Anteil daran, dass sich die Denk- und Fühlrichtung in meinem Geist in dem Augenblick der Berührung durch meine gute Fee geändert hat. Ich habe es zugelassen, dass die Vorzeichen von negativ auf positiv geändert wurden. Man muss Hilfe zulassen und annehmen können. Dazu braucht es Bereitschaft und eine offene Haltung. Diese liegt ganz bei uns. Wenn Sie diese nicht in sich finden, dann müssen Sie danach suchen und zulassen, dass sie gefunden wird.

Kennen Sie das Sprichwort: »Jeder ist seines Glückes Schmied«? Es ist gut zu wissen, dass wir uns selbst helfen können. Hilf dir selbst, erst dann können dir auch die anderen helfen.

Nun sind Sie gut gerüstet und reichlich ausgestattet mit einem sonnigen Speicher voller Licht und Energie, guter Gedanken und schöner Erinnerungen an einen glücklichen Sommer und Herbst.

Der Winter kann kommen. Die Nebel und die lichtarmen Monate können uns nichts mehr anhaben.

Wir sind bereit!

So ein Glück!

Glücklich ist, wer die Bitterstoffe des Lebens als Würze erkennen kann, die das Leben so interessant macht, wie eine erlesene Speise.

Mit Herzenslust genießen

von Schwester Teresa Zukic

Zu Recht sagen wir »Goldener Oktober«, weil sich nun alle Blätter verfärbt haben. Aber ich finde, der Oktober verdient es wirklich, »golden« genannt zu werden. Welch eine Fülle an kirchlichen Festen und Persönlichkeiten, die mein Herz höherschlagen lassen. Wir feiern das Erntedankfest, die Schutzengel, die beiden »Teresas« und Franz von Assisi, und am Ende des Monats das große Reformationsfest unserer evangelischen Geschwister.

Wir gedenken der großen Kleinen Therese von Lisieux gleich am ersten Tag des Oktobermonates. Diese Frau ist ein Mysterium: Sie kam nie aus ihrer Geburtsregion raus und wurde doch zur Patronin der Weltmission. Sie schrieb Gebete und Gedichte, aber keine theologischen Abhandlungen. Für ihre Einsichten wird sie hochgeschätzt. Sie wurde nur 24 Jahre jung und lebte die Hälfte ihres Lebens im Karmel, hinter verschlossenen Mauern, aber doch wurde sie eine der bekanntesten und beliebtesten Heiligen der katholischen Kirche. Sie ging ihren »kleinen« Weg im Alltag. Sie liebte Jesus verrückt und betonte »Allein die Liebe zählt«. Als jüngste von neun Kindern verliert sie schon mit vier Jahren ihre Mutter. Die Familie zieht darauf nach Lisieux, wo auch ein Kloster der Karmelitinnen ist. Thérèse erbittet sich die Sondererlaubnis, schon mit 15 Jahren eintreten zu dürfen und folgt damit ihren zwei älteren Schwestern Pauline und Marie. Sie ist fest überzeugt, dass Gott alles kann, also muss er auch für schwache und kleine Menschen eine Möglichkeit bereithalten, in den Himmel oder zur Heiligkeit zu gelangen! Also beginnt sie, in ihrem Alltag alles mit Liebe zu tun. Ohne Gottes Hilfe, so ist sie sich sicher, kann sie nichts Gutes tun. Sie fängt an, sich über ihre Verfehlungen und Schwächen zu freuen, weil sie ihr zeigen, dass sie nur durch Jesus lieben kann. Als eine ältere Schwester sie rügt, antwortet sie, »dass sie noch viel mehr Fehler hätte.« Sie erträgt mit Geduld Kränkungen, Sticheleien und Demütigungen. Sie betet wie ein kleines Kind zu Gott, ihrem Vater. Sie wird am Ende ihres Lebens hart durch eine schwere Krankheit geprüft und empfindet nur noch Leere und Verlassenheit, hält aber doch an Gott fest. »Es bleibt mir nichts mehr als die Liebe.«

Sie möchte immer noch lieben und stirbt schließlich am 30. September 1897 mit den Worten: »Oh, ich liebe ihn! … Mein Gott … ich liebe dich!« Sie stirbt an Tuberkulose. »Die Liebe kann ein langes Leben ersetzen. Jesus schaut nicht auf die Zeit; denn im Himmel gibt es keine mehr. Er schaut nur auf die Liebe.« Ihr kleiner Weg ist Motivation für jeden Tag, das Beste zu tun und es mit Liebe zu versuchen. Also los.

Kennen Sie den Namen Ihres Schutzengels? Aber bestimmt gab es eine Situation in Ihrem Leben, wo Sie gedacht oder ausgesprochen haben: »Das war mein Schutzengel«! Ich habe Gott gefragt, wie unsere Schutzengel heißen, also die Namen der Schutzengel von Pfarrer Franz und mir. Das ist bestimmt schon 30 Jahre her und mir kamen zwei Namen in den Sinn, die ich noch nie gehört hatte. »Desamus und Amaria«. Warum nicht? Geben wir unseren Schutzengel einfach einen Namen. Er freut sich bestimmt und vielleicht flüstert er allen, die ihn bitten, auch seinen Namen zu. 305mal werden Engel in der Bibel erwähnt. Treten sie im Alten Testament noch als Beschützer auf, sind sie im Neuen Testament vor allem Boten Gottes, die nicht nur Maria die freudige Botschaft überbringen.

Ja, ich glaube an Engel und Schutzengel, ohne es extra zu betonen. Sie dürfen Gottes Antlitz schauen und den Menschen persönliche Botschaften bringen. Ich kenne ganz viele Engel auch ohne Flügel, für die ich dankbar bin im Leben. Die genau zum richtigen Zeitpunkt, am richtigen Ort in mein Leben getreten sind. Ich danke Gott so sehr dafür. Meine allerbeste Freundin aus Südtirol nenne ich meinen Engel, meine Marial, und auch meine zwei wunderbaren Angestellten, die ich übernommen habe, nenne ich meine Engel. Und die Nachtschwester während meines Krankenhaus-Aufenthaltes in der Charité nannte ich von Herzen meinen Engel. Alle verdienen diesen Titel. Und ich habe noch viel, viel mehr.

Ich genieße den Oktober und finde es großartig am Erntedankfest von Herzen Gott für die unerschöpfliche Vielfalt zu danken. Das taten Menschen schon immer mit verschiedenen Ritualen, um dem Schöpfer zu danken. Vielleicht war ihnen bewusst, dass nichts selbstverständlich ist. Was Gott sich an herrlichen Köstlichkeiten für uns Menschen ausgedacht hat, kann man ja kaum in Worte fassen. Schon in unserem Kochbuch »Himmel im Mund« habe ich überschwänglich geschrieben, dass ich kein Prophet sein muss, aber was sich Gott an unvorstellbaren Köstlichkeiten für uns Menschen ausgedacht hat, ist an der Fülle irdischer Genüsse kaum in Worte zu fassen.

Die Vielfalt an exquisiten, erfrischenden oder honigsüßen Früchten, gesunden Gemüsesorten, wohlschmeckenden Stängeln wie Porree und Fenchel, Blättern wie Spinat, Salat, und Blüten wie die Artischocke, Samen von Erbsen und Bohnen, Wurzeln von Karotten, Knospen, aus denen Spargel und Rosenkohl sprießen, oder Knollen, aus denen Kartoffeln und Topinambur hervorwachsen, oder die unterschiedlichsten Sorten von Nüssen sind kaum zu beschreiben. Auf jedem Kontinent dieser Erde lässt Gott die herrlichste Nahrung wachsen und keine Wurzel oder Insekt oder Tier hat der Mensch nicht schon zu einer Mahlzeit verarbeitet.

Ich behaupte, dass dieser Gott ein Feinschmecker ist, der es mehr als gut mit uns gemeint hat. Er ist ein fantastischer Gastgeber, und auch wenn wir das Paradies verloren haben, so hat er uns den Reichtum des Gartens Eden gelassen.

Wenn meine Namenspatronin, die unsere Kirche am 15. Oktober feiert, die heilige Teresa von Ávila, meinte, dass Gott unter den Kochtöpfen zu finden ist, dann hat sie wohl Recht. Aber sie sagte auch, wir sollen immer zufrieden sein, egal was auf den Tisch kommt: »Wenn Fasten, dann Fasten, wenn Rebhuhn, dann Rebhuhn.« Dankbarkeit und Zufriedenheit und alles Geschaffene mit Liebe und Hochachtung zu gebrauchen, ist wohl die größte Freude, die wir Gott machen können. Warum wir dankbar beten vor dem Essen? Weil der, der alles erschaffen hat, immer dabei ist. Unser Schöpfer freut sich daran, wenn es uns schmeckt. Gott hat alle Liebe hineingelegt und dabei alle Fantasie der Sinne und Farben hineingemischt, um uns wissen zu lassen, wie sehr ER ein Liebhaber des Lebens ist. Deshalb ist jedes Mahl ein Liebesmahl. Wenn wir es mit Liebe zubereiten, haben wir etwas davon verstanden, wie viel Freude es Gott gemacht hat, alles für uns zu kreieren. Deshalb ist für mich jedes Lebens-Mittel, das mit herzlicher Bemühung zubereitet ist, »Himmel im Mund«, weil ich Gottes Liebe herausschmecke.

Der 15. Oktober ist nicht nur mein Namenstag, sondern bedeutet mir seit 2016 sehr viel. Ich bekam an diesem Tag den Verdienstorden der Bundesrepublik Deutschland. Was für eine Ehre das für mich war. Jeden Tag ist es für mich eine Motivation mein Bestes für die Menschen in unserem Land zu tun.

Dankbar sein für alle Gaben,
Für alles, was wir täglich haben.

Für jeden Engel, der uns hilft,
für alle Freude, die uns erfüllt.

Für gute Menschen, treue Seelen,
für alle Vorbilder, die wir uns wählen.

Für jedes klitzekleine Glück,
Sag ich Dank und schau zurück.

Für jeden, den Gott auswählt,
er weiß, allein die Liebe zählt.

Teresas Oktober-Rezept

Auberginenschnitzel auf Couscous

ZUTATEN

- 2 Auberginen
- 8 EL Sojasauce
- 4 EL Teriyaki-Sauce
- 1 EL Sesamöl
- 2 El Olivenöl
- 2 TL Mirin (japanischer Reiswein)
- 2 EL Agavensaft
- 1 TL Has El Hanout
- 1 TL Kreuzkümmel
- etwas Wasser (bei Bedarf) ca. 2 bis 3 EL
- Eine Prise Liebe ❤️

Zubereitung

1. Zwei Auberginen schälen und im Topf dämpfen.
2. In der Mitte vorsichtig einschneiden, ohne sie in zwei Hälften zu schneiden.
3. Mit zwei Gabeln behutsam zu einem Schnitzel auseinanderziehen.
4. Pfanne erhitzen und Schnitzel in etwas Olivenöl beidseitig anbraten.
5. Mit Sojasauce, Teriyaki-Sauce, Sesamöl, Mirin, Agavendicksaft, Has El Hanout und Kreuzkümmel die Aubergine in der Pfanne mit einem Löffel öfters übergießen.
6. Couscous kochen, die Auberginenschnitzel auf den Couscous legen und mit der Sauce aus der Pfanne übergießen. Himmlisch genießen.

Platz für eigene Gedanken

November

Die Natur stirbt – alles ist still

von Eva-Maria Popp

Der November ist der Monat, in dem wir wieder enger zusammenrücken. Es beginnt eine Zeit, in der wir noch heute von Mythen geprägt sind. Das hängt wohl mit dem zunehmenden Mangel an Licht zusammen und der durchdringenden Nebelkälte, die in der Natur herrscht. Die Menschen, die in früheren Zeiten gelebt haben, waren der Natur oftmals schutzlos ausliefert. Außer einer einfachen Behausung und einer Feuerstelle hatten sie der Kälte nichts entgegenzusetzen.

Das ist der Hintergrund, warum gerade in dieser lichtarmen Zeit der Glaube an dunkle Mächte und böse Geister in der vorchristlichen Zeit sehr intensiv war. Räucherrituale waren darum nicht nur zu den Rauhnächten zwischen den Jahren und rund um Neujahr, sondern auch in dieser dunklen Zeit vor allem bei Voll- und Neumond weit verbreitet … Aber auch das Fest des heiligen Martin fällt auf diesen Tag. Ab diesem Zeitpunkt werden alle Winterfeste mit viel Licht gefeiert. So ziehen die Kinder am Martinstag mit Laternen durch die Straßen, während sie an die guten Taten des heiligen Mannes denken.

Die letzte Rauhnacht findet vom 5. auf den 6. Januar statt. Auch das ist kein Zufall. Schließlich feiern wir am 6. Januar das Dreikönigsfest. Was hat das zu bedeuten, dass unsere christlichen Feste allesamt auf Daten fallen, die in vorchristlicher Zeit eine besondere Rolle gespielt haben? Dafür gibt es eine Erklärung. Jede Kultur hat einen ausgeprägten Feste- und Feierkalender, dessen Rhythmus und Rituale stark im Volk und Volksglauben verankert sind. Die Missionare, die den christlichen Glauben verkündeten, taten gut daran, den bestehenden Festkalender nicht auszuhebeln, sondern diese Festtage als Basis für die neue Religion zu nutzen. Deshalb schwingen in unseren christlichen Festen immer noch die besonderen Bedürfnisse der Menschen aus vorchristlicher Zeit mit. Dabei handelt es sich meistens um Urbedürfnisse: In der dunklen Jahreszeit war das meistens die Sehnsucht nach Licht und der Schutz vor bösen Geistern, deren Umtriebe man in der dunklen Jahreszeit besonders gefürchtet hatte. Wir tun gut daran, auf diese

Bedürfnisse zu achten. Sie sind tief im menschlichen Wesen verankert, auch wenn wir das als moderne Menschen, die wir alle sind, gar nicht mehr hören wollen.

Wer von uns glaubt schon an böse Geister? Wohl niemand. Und doch sind wir alle in der kalten Jahreszeit dem Lichtmangel ausgeliefert. Depressionen und depressive Verstimmungen nehmen zu. Deshalb ist es für uns alle ratsam, gerade in diesen Tagen gut für sich zu sorgen.

Ich führe Sie deshalb in diesem Kapitel in die Bedeutung des akustischen Sinnes ein. Er passt sehr in diese Jahreszeit, in der in der Natur die Stille einkehrt.

Der akustische Sinn

Die Ohren haben es am schwersten, sich vor einem Overload zu schützen. Sie haben keine Möglichkeit, sich zu bedecken oder abzuschirmen. Unsere Ohren sind permanent allen Einflüssen der Umwelt ausgesetzt, ob wir das wollen oder nicht. Wir hören ständig etwas, ob wir uns im Kaufhaus oder auf der Straße bewegen oder ob wir uns zu Hause aufhalten: Es klingelt das Telefon, es berieseln uns das Radio oder der Fernseher oder wir hören Straßen- und Nebengeräusche. Somit kommt es zu einer ständigen Überlastung der Ohren, des Gehörsinns. Die Ohren reagieren darauf mit diversen Krankheiten vom Tinnitus bis zur Schwerhörigkeit. Der Tinnitus, das Ohrrauschen, spielt sich im Innenohr, im Gleichgewichtsorgan ab. Wie Sie daran schon erkennen können, kommen wir somit leicht aus dem Gleichgewicht.

Eine kleine Hörübung

Um die Balance im Leben zu halten, müssen wir immer wieder einmal für absolute Stille sorgen. Stille kann man auch hören. Gehen Sie in den Wald! Dort hören Sie außer dem Knacken der Bäume und Äste, die sich im Wind wiegen, nichts. Diese Stille ist eine reinigende Wellnessdusche für die Ohren und den akustischen Sinn.

Eine andere Übung ist, bewusst die absolute Stille zu hören. Das gelingt ihnen auch im heimischen Sessel, in dem Sie einen Kopfhörer aufsetzen. Das ist die Basis dafür, wieder richtig hinhören zu können. Nur wenn ich hinhören kann, kann ich auch wirklich sehr gut zuhören. Ich werde lernen, die Zwischentöne und Untertöne in Gesprächen herauszufiltern, um mehr und bewusst wahrzunehmen. Das Leben wird leichter, Sie hören differenzierter und erleichtern sich und anderen die Kommunikation. Ein Sprichwort betitelt dieses bewusste Mehrhören durch aktives Hinhören mit folgenden Worten: »Zwischen den Zeilen lesen«

Nehmen Sie sich regelmäßig Zeit für dieses aktive Hören der Stille. Das tut unheimlich gut, senkt den Stresspegel und bringt Zufriedenheit und das stille Glück in Ihr Leben zurück.

Und nun möchte ich den Monat November nutzen, um Sie mit einem weiteren wichtigen Lebensthema zu konfrontieren: Mit dem Tod, der für viele von uns immer noch ein Tabuthema ist. Das ist tragisch, weil der Tod die einzige Sicherheit in unserem Leben darstellt. Er betrifft uns mit Sicherheit alle.

Durch das Allerheiligen- bzw. Allerseelenfest, den Reformationstag, aber auch durch das vorchristliche Fest Halloween, das ursprünglich auf einem keltischen Feiertag basiert, wird deutlich, dass das Thema Tod seit Menschengedenken zum November gehört. Auch im November sterben die Natur und oftmals die Hoffnung.

Ich möchte Ihnen den Tod näherbringen, in dem ich darüber schreibe, wie man mit Kindern über den Tod sprechen kann. Das ist sehr, sehr wichtig, weil auch die Kinder, wie wir alle, mit dem Tod konfrontiert werden. Nachdem man aber nicht mit ihnen darüber spricht, entstehen Ängste und Sorgen und die Kinder können das Erlebte nicht verarbeiten, was sich oftmals nicht viel später im Erwachsenenalter auswirkt.

Vielleicht können durch diese Zeilen auch Erlebnisse aus Ihrer eigenen Kindheit im Rückblick hervorgeholt und bearbeitet werden. Zum Trauern und Verarbeiten ist es nie zu spät.

Der Tod spielt im Leben von Kindern eine große Rolle, ob wir das wollen oder nicht. Es stirbt der Hund oder die Katze, wir finden einen toten Vogel im Garten, im Kindergarten ist der Papa eines Kindes gestorben, in der eigenen Familie stirbt die Oma oder der Opa. Da der Tod in unserer Gesellschaft immer noch eines der größten Tabuthemen darstellt, haben wir verlernt, mit ihm umzugehen. Wir selbst begreifen den Tod nicht, umso mehr haben wir Angst mit unseren Kindern darüber zu reden. Deshalb lohnt es sich für Eltern, Großeltern, Onkel und Tanten, Lehrerinnen und Lehrer, Erzieherinnen und Erzieher, sich über das kindliche Verhältnis zum Tod Gedanken zu machen.

Eine der wichtigsten Erkenntnisse der modernen Krisenverarbeitung ist es, die Trauer anzunehmen und vor allem zuzulassen. Dazu gehört eine Konfrontation mit dem Unfassbaren von der ersten Sekunde an. Kinder im Vor- und Grundschulalter haben ein sehr natürliches Verhältnis zum Tod, weil es in ihr Weltbild, nämlich das der Wunder und Mythen passt. Sie sind wissbegierig und neugierig. So ist es sehr wichtig, dass sie über alles, wirklich alles, reden können und alle Fragen beantwortet werden. Gerade die Fragen nach den Fakten geben den Kindern Sicherheit im Verarbeiten des Todes und setzen einen Trauerprozess in Gang.

Es gibt nichts, was Kinder nicht verstehen würden. Vor allem müssen sie begreifen und das im ursprünglichen Wortsinn. Nur wer anfasst, begreift, kann annähernd verstehen, was vorgeht! Wobei es zum Mysterium der Menschen gehört, dass sie den Tod an und für sich nie begreifen, aber ausgelöst durch die direkte Konfrontation mit dem Toten, beginnt das Begreifen der Wahrheit, nämlich dass jetzt die Trennung beginnt und dass der Tote niemals wiederkehren wird. Das ist eine sehr schmerzliche, aber heilsame Erkenntnis und der Beginn einer erfolgreichen Krisenverarbeitung und Trauerarbeit.

Auch Trennungen sind ein wesentlicher Bestandteil unseres Lebens, sie lösen heftigste Gefühle in uns aus, machen uns Angst. Oftmals fühlen wir uns in diesen Situationen hilflos dem Chaos der Welt ausgeliefert, denn durch Trennungen werden wir immer wieder daran erinnert, dass wir uns von etwas Vertrautem, etwas, das uns Sicherheit und Geborgenheit gegeben hat, trennen müssen. Erwachsene haben jedoch im Unterschied zu Kindern durch ihre eigene Sozialisation gelernt, mit diesen Gefühlen zu leben, sie unter Kontrolle zu halten und in die Realität einzuordnen. Denn parallel zu diesen Gefühlen haben wir das Bewusstsein darüber erworben, dass wir diese Trennungen benötigen, um unseren eigenen individuellen Weg zu finden. Wir wissen, dass nur da, wo etwas zu Ende geht, etwas Neues beginnen kann und die Auseinandersetzung mit dem Prozess des Abschieds wesentliche Voraussetzung dafür ist, das Neue wahrzunehmen und daran zu wachsen.

Doch bei aller Eigenmotivation, mit einer gewollten oder ungewollten Trennung klarzukommen, wissen wir auch um die Bedeutung von vertrauten Menschen, die uns bei der Bewältigung behilflich sind, Verständnis aufbringen, aber uns auch zunehmend in die Realität zurückführen.

Kinder haben noch nicht das Wissen, dass sie sozusagen Trennungen brauchen, um sich weiterentwickeln zu können; insofern sind sie in größerem Maße auf Menschen angewiesen, die sie in Krisenzeiten begleiten und trösten.

Trennungen, Krisen und Abschiede sind jedoch oftmals Themen, die wir eher nicht so gerne mit Kindern besprechen, weil sie uns selbst zu sehr schmerzen oder wir die Kinder vor diesen heftigen Gefühlen bewahren wollen.

Doch durch Schweigen, ausweichende Antworten oder gar keine Antworten nehmen wir Kindern zusätzlich zum eigentlichen Verlust die Offenheit und Nähe der ihnen vertrauten Menschen, nehmen ihnen die Chance, sich ihre Natürlichkeit dieser Gefühle zu bewahren, nehmen ihnen die Möglichkeit, diese, wenn auch unangenehmen Gefühle zu akzeptieren.

Auch durch den zum Beispiel schnellen Ersatz von verstorbenen Haustieren versagen wir ihnen einen wichtigen Teil menschlicher Erfahrung, versagen wir ihnen, sich mit sich selbst auseinandersetzen zu müssen. Bei aller Liebe können wir Kinder nicht verschonen vor der Konfrontation mit Trennung und Tod.

Wir können diese Situationen nicht wegmachen, nicht verschönern, sondern Kindern lediglich Hilfen für den Umgang mit Gefühlen anbieten, wir können durch Trost den positiven Aspekt von Trennungen vermitteln: ein bisschen Hoffnung!

Wobei Trost nicht die wahllose Erfüllung materieller Wünsche ist, auch nicht das Dramatisieren von Schmerz, Trost ist auch nicht die Abwertung dessen, Trost ist vielmehr, sich Zeit zu nehmen, um Einblick in die kindliche Vorstellungs- und Erlebniswelt zu bekommen, um wahrzunehmen, was welchen Stellenwert für das Kind hat. Trost muss angemessen »verteilt« werden, und im Verhältnis zum tatsächlichen Schmerz stehen, und selbst da gibt es natürlich von Mensch zu Mensch unterschiedliche Intensitäten.

Es gibt viele Wege, Trost zu spenden und zu finden:

Trost durch emotionale Begleitung: Trost durch emotionale Begleitung ist damit wohl die wichtigste Hilfestellung. Sie beinhaltet die verlässliche, ehrliche und vertraute Nähe von Menschen, die versuchen, Gefühle zu verstehen, das Gefühl von Schutz und Geborgenheit vermitteln,

Respekt haben vor individueller Trauer und auch Scham- oder Schuldgefühlen, Menschen, die einfach wertfrei Anteil nehmen.

Trost durch Kommunikation und Antworten: Trost durch Kommunikation und Antworten setzt Offenheit voraus: Sprechen Sie miteinander! »Das verstehst du noch nicht!" oder »Dafür bist du noch zu klein!", ist jedoch keine Alternative. Im Gegenteil, denn diese Sätze beinhalten eine Bewertung des trauernden Kindes. Die kindliche Seele wird zusätzlich verunsichert, weil ihm das Verstehen abgesprochen wird. Sich mitteilen können und dürfen ist der eine Teil, aber auch zu hören, dass andere ähnliche Gefühle haben, kann ungemein trösten. Ein Klima der Akzeptanz und des Verständnisses erhöht die Möglichkeit, bei zum Beispiel dem Tod eines Menschen, naturphilosophische Fragen zu besprechen, auf die Veränderungen und die Vergänglichkeit des Lebens anhand anderer Beispiele einzugehen, und kann dabei behilflich sein, Perspektiven aufzuzeigen.

Trost durch Sich-Erinnern, durch Hoffnung: Trost durch ein Sich-Erinnern, durch Hoffnung bedeutet, sich die inneren Bilder bewahren zu können, sie immer wieder dann hervorholen zu können, wenn einem danach zumute ist. Gemeinsam können Kinder mit Erwachsenen Abschiedsschmerz mildern, wenn sie eine Brücke bauen, wenn sie ein Verbindungsobjekt als Trost und Halt finden oder herstellen. Hoffnung ist der Ansatz für das Neue, ist eine offene Richtung und kann wachsen, indem auch Erinnerungen ihren Platz haben, aber die Lebensperspektive wieder die eigentliche Führung übernimmt.

Trost durch Alternativen für den Augenblick: Trost braucht ein intuitives Gespür. Fühlen Sie sich ein in die kindliche Seele oder die eigenen Bedürfnisse. Was könnte uns im Augenblick ein Trost sein? Ein gemeinsames Spiel, die Erfüllung eines Wunsches, ein Spaziergang, ein Kopfstreicheln oder eine Umarmung, ein einfaches Zusammensitzen, gemeinsam schweigen, gemeinsam sprechen, gemeinsam weinen, vielleicht sogar gemeinsam lachen über frühere Erlebnisse mit der Person oder dem Tier, das von uns gegangen ist?

Glücklich ist, wer mit seiner Fantasie ein großes Herz in den Nebel zaubert.

Sehnsuchtsvolle Herzen

von Schwester Teresa Zukic

Wie in jedem Leben gibt es Freud und Leid. Meine liebe Co-Autorin hat sehr stark über das Trauern geschrieben. Im November häufen sich die Feiertage, an denen der Toten gedacht wird. Manches deutet darauf hin, dass dies nicht zufällig so gewählt wurde: Das Leben stirbt scheinbar auch in der Natur, die Tage werden kürzer und dunkler. Auf katholischer Seite sind Allerheiligen und Allerseelen am 1. und 2. November. Weil in vielen Bundesländern der 1. November ein gesetzlicher Feiertag ist, hat es sich durchgesetzt, am Allerheiligentag die Friedhöfe zu besuchen und die Gräber zu segnen. An Allerheiligen wird normalerweise der Heiligen gedacht, auch der weniger bekannten. An Allerseelen wird für die Verstorbenen gebetet, damit Gott ihre Seelen in den Himmel aufnimmt. Die protestantischen Christen gedenken am Totensonntag ihrer Verstorbenen, besuchen die Friedhöfe, zünden Kerzen an und legen Blumen nieder. Dieser Sonntag, der letzte im Kirchenjahr, wird auch Ewigkeitssonntag genannt. An diesen stillen Tagen gilt in den meisten Ländern ein Tanzverbot, was allerdings immer häufiger in Frage gestellt wird. In der Regel sind auch Sportveranstaltungen – zumindest am Vormittag – und die öffentliche Aufführung bestimmter Filme untersagt. Am 11. November feiern wir aber auch den heiligen Martin mit vielen Martinsumzügen, Laternenlaufen, Martinssingen oder einem Freudenfeuer und gleichzeitig beginnt traditionell die Karnevalszeit.

Für mich ist Allerheiligen ein wunderschöner Festtag, denn am 1.11.1988 fand meine erste Heilige Profess statt. Die Profess ist das Gelübde, also ein feierliches Versprechen, sich an die Ordensregel zu halten, ohne Eigentum, also in Armut, Keuschheit und Gehorsam zu leben. Das in der Profess abgelegte Versprechen ist gleichzeitig der vollwertige Eintritt in den Orden. Es war ein unvergesslich schöner Festgottesdienst. Pfarrer Franz, der während meiner neun Klosterjahre mein Beichtvater war, hatte dafür gesorgt, dass unsere Mutterhauskapelle der Vinzentinerinnen mit weißen Rosen geschmückt wurde. Ich legte mich auf den Boden und übergab Gott für immer mein Leben. Eine besondere Ehre war es für mich, dass die Generaloberin der Englischen

Fräulein, Schwester Immolata Wetter, extra aus Rom kam, um dabei zu sein. Meine Mitschwestern wunderten sich sehr darüber. Ich hatte sie vor meinem Klostereintritt unter besonderen Umständen kennengelernt und durfte sie während meiner Studienjahre auch in Rom besuchen und war deswegen zu einem Gespräch in der Glaubenskongregation im Vatikan eingeladen. Ein liebevolles Geheimnis, das wir miteinander haben. Sie sagte damals. »Ich bin gekommen, um Zeugnis von Teresa zu geben«. Seit der Profess war ich nun eine Braut Christi und ich möchte auch nichts anders mehr sein, bis ich sterbe. Dass ich meine eigene Gemeinschaft gründen durfte, hatte Gott wohl veranlasst, um noch näher am Menschen zu sein und sie noch besser ermutigen zu können.

Seitdem Pfarrer Franz gestorben ist, kann ich mich auch in all die Menschen nochmal ganz anders einfühlen, die einen geliebten Menschen verloren haben. Die Allerseelen-Gottesdienste oder der Gang zum Friedhof sind Hilfen der Trauerbewältigung. Vor allem wenn man an besonderen Gedenktagen der Verstorbenen nicht allein gelassen wird. Viele nehmen Anteil, aber die Wochen, Monate oder das Jahr danach sind für Angehörige genauso schwer zu durchleben. Die Festtage wie Weihnachten oder Geburtstage besonders und natürlich der Allerseelentag. Wenn man von der Trauer überwältigt wird. Inzwischen, wenn mir die Tränen kommen, bin ich gleichzeitig dankbar, ihn so lange gehabt zu haben. »Tränen sind von Gott«, sagte mal mein wundervoller Arzt und Lebensretter Dr. Sehouli, als ich während meiner Krebserkrankung traurig war. Und Trauer ist auch ein Zeichen, wie groß die Liebe war, die uns mit den Verstorbenen verbindet. Ich weiß Pfarrer Franz in Gottes Herrlichkeit. Darauf hat er sich so gefreut und ich habe ihn bis zum Sterben begleiten dürfen. Das ist ein großes Geschenk in meinem Leben. Er freute sich auf die Herrlichkeit. Als er zu atmen aufhörte, sangen wir das Halleluja. Er hatte es geschafft und Gott sei Dank nicht lange leiden müssen. Sein Humor, seine liebevolle ruhige Art, seine Weisheit und sein großer Glaube, den er uns vorgelebt hat, begleiten mich. Er hatte im Sterben versprochen, immer bei mir zu sein. Ich darf das spüren. Ich rede mit ihm, ich zwinkere ihm zu. Sein strahlendes Bild lächelt mich an. Und wenn ich mal wieder weine, dann ist das auch gut. Ich muss mich keiner Träne schämen, sie ist Ausdruck der Dankbarkeit.

Trauern ist wichtig. Reden ist wichtig. Ich hoffe, Sie haben Menschen an Ihrer Seite, die da sind, wenn das Herz schwer wird. Die Sehnsucht nach dem verlorenen Menschen ist so stark und zerreißt einem manchmal das Herz. Vielleicht haben Sie eine Freundin oder einen Freund, der in einer solchen Trauerphase da ist. Rufen Sie doch mal an, fahren Sie vorbei. Geben Sie ein Zeichen der Anteilnahme. Nicht nur wenn es gerade passiert ist. Ein Jahr danach ist ebenso wichtig, manchmal noch wichtiger.

Wie tröstlich in den dunkleren Monaten eine Kerze ist! So ein kleines Licht kann uns warm ums Herz machen. Ich freue mich deshalb sehr über den Martinstag. Es ist nicht nur der Tag der Laternenumzüge oder des Martinsgansessens, auch wenn wir das gerne gemacht haben und es seit Jahrhunderten ein Brauch war. Wieso eigentlich Gänse? Weil es Gänse waren, die den heiligen Martin verrieten. Martin wurde im Jahr 372 zum neuen Bischof von Tours auserwählt. Aus Bescheidenheit und wahrscheinlich aus großem Respekt vor diesem Amt soll er sich jedoch in einem Gänsestall versteckt haben. Doch das Geschnatter der Gänse war unüberhörbar. Es half ihm nichts, am 4. Juli wurde Martin zum Bischof geweiht. Vor einigen Jahren hatten wir in den Sommerferien eine besondere Reise durchgeführt. Mit meiner Südtiroler Freundin machten wir eine Pilgerrundreise zu den Heiligen Europas. Wir begannen am Gardasee, bei der heiligen Ursula, der Gründerin der Ursulinen, weiter nach Turin zum heiligen Don Bosco, machten einen Stopp im Marc Chagall-Museum in Nizza, nach Lourdes zur Mutter Gottes, über Biarritz und Bordeaux nach Tours zum heiligen Martin, weiter in die Normandie nach Lisieux zur Kleinen Therese und über Reims der heiligen Jeanne d'Arc endete die Reise.

Was uns am heiligen Martin erstaunte, ist, wie populär dieser Heilige auch heute noch ist. Praktisch jedes Kind kennt ihn. Mit 15 Jahren trat er in das römische Heer ein. In Amiens begegnete er einem fast unbekleideten Bettler am Stadttor. Es war eiskalt, und Martin konnte den Bettler nicht einfach ignorieren. Da er außer seiner Uniform und seinem Schwert nichts bei sich hatte, teilte er kurzerhand seinen Mantel in zwei Teile und gab dem Bettler eines davon. Seine Kameraden machten sich über ihn lustig, aber das störte ihn nicht. In der darauffolgenden Nacht erschien ihm Jesus im Traum und dankte ihm für seine gute Tat. Jesus sagte zu Martin: »Martinus, der noch nicht getauft ist, hat mich mit diesem Mantel bekleidet«, denn in der Gestalt des Bettlers habe Martin dem Gottessohn selbst geholfen. Dieses Erlebnis veränderte Martins Leben völlig. Er ließ sich taufen, verließ das Militär und wurde Priester.

Er hat das Reich der Franken und die von ihnen besiedelten Gebiete geprägt und war in der lateinischen Kirche der Erste, der den Grad der Heiligkeit nicht durch seinen heldenhaften Tod als Märtyrer, sondern durch sein beispielhaftes Leben erreichte. Kaum einer weiß, wie viele Pilger- und Missionsreisen er bis ins hohe Alter auf dem Pferd hinter sich brachte und den Menschen die Liebe Gottes predigte. Er hat nicht nur Kranke geheilt, es gibt etliche Berichte von Wundern, die er mit Gottes Hilfe vollbringen durfte. Ich reite zwar nicht auf dem Pferd, sondern bin mit dem Auto unterwegs, aber da wurde mir der heilige Martin so lieb, weil er auch so viele Reisen gemacht hatte. Noch hochbetagt ließ er sich von Gott aussenden. Eines seiner schönsten Worte hat Pfarrer Franz gerne zitiert: »Ich erfülle die Aufgabe, die Du mir anvertraut. Solange du willst, will ich unter deiner Leitung meinen Dienst erfüllen. Sicher, ein alter Mensch wünscht sich, von der Mühe befreit zu werden. Doch mein Mut ist stärker als mein Alter. Doch auch wenn du nicht auf mein fortgeschrittenes Alter schaust, so ist dein Wille, Herr, für mich das Beste. Du wirst selbst die bewahren, für die ich Sorge trage.« Vor mehr als 1.600 Jahren, am 8.11.397, ist der dritte Bischof von Tours gestorben. Also danke ich Gott für das Leben des heiligen Martin und wir werden ihn feiern und uns neu motivieren lassen, seinem Beispiel zu folgen.

Wir trauern, weil wir euch vermissen.
Weil ihr uns fehlt an jedem Tag.

Das Herz ist bang und oft zerrissen.
Doch hoffen wir und bleiben stark.

Wir glauben an die Macht der Liebe.
Wir glauben, Gott verlässt uns nicht.

Wir glauben, ihr seid in ihm geborgen,
und lebt im Leben, im ewigen Licht.

Teresas November-Rezept

Maronensuppe

ZUTATEN (4 PERSONEN)

- 120 g Zwiebeln
- 50 g Butter
- 200 g Maronen, fertiggekocht (eingeschweißt)
- 375 g Wasser
- 1 TL Gemüsebrühe oder 1 Brühwürfel
- 1/2 TL Meersalz
- 1 Prise Zimt
- 1 TL Agavendicksaft
- 200 g Sahne
- Pfeffer
- Eine Prise Liebe

Zubereitung

1. Zwiebeln kleinschneiden und in einem Topf in der Butter andünsten.
2. Maronen zerkleinern und dazu geben.
3. Wasser, Brühwürfel, Salz, Zimt, Agavendicksaft und Pfeffer hinzufügen und 15 Minuten kochen.
4. Sahne hinzugeben, kurz erhitzen und anschließend pürieren.
5. Abschmecken und servieren.

Platz für eigene Gedanken

Dezember

Geschenke für dich und mich

von Eva-Maria Popp

Mit dem Dezember geht das Jahr seinem Ende entgegen. Die Natur hält inne und widmet sich ihrem wohlverdienten Winterschlaf. Die Nächte sind lang, die Tage kurz. Das alles hat einen großen Einfluss auf unser Wohlbefinden, unseren Körper und unsere Seele. Die Tiere nehmen sich ein Beispiel an der Natur und verkriechen sich in ihren Verstecken, um ebenfalls in einem tiefen Winterschlaf zu verharren. Warum widmen wir Menschen uns dagegen gerade in dieser Zeit einer geschäftigen Betriebsamkeit? Was lässt uns in der angeblich so »staden« Advents- und Weihnachtszeit nicht zur Ruhe kommen? Lassen Sie die unnatürliche Geschäftigkeit hinter sich! Nehmen Sie sich ein Beispiel an der Natur und halten Sie inne!

Alle Jahre wieder nehme ich mit großer Verwunderung den Bruch in unser aller Kommunikation wahr, wenn die Zeit auf Weihnachten zugeht: Wir singen in verschiedenen Liedern von der »stillen« Zeit, wir erfreuen uns an Weihnachtsgeschichten, in denen von Bescheidenheit die Rede ist, von weniger ist mehr, von Geschenken, die keinen materiellen Wert haben, sondern eben »nur« Liebe schenken und von einer besinnlichen Zeit. Eben noch tief berührt von der Botschaft dieser Geschichten, die der Weihnachtsfeier im Büro einen würdigen Rahmen gegeben hat, kehren wir in eine Realität zurück, die das exakte Gegenteil darstellt. Wir stürzen uns an den langen Samstagen ins Getümmel und kaufen ein, was das Zeug hält. Das Geschenk muss teuer sein, damit es auch wirklich etwas wert ist! Die Weihnachtsmusik aus der Konserve brüllt in jedem Geschäft gegen die besinnliche Stimmung an und die Plätzchenbackorgien in den Küchen dieses Landes verursachen mitunter Stress pur. Ganz zu schweigen von den ganzen Aktionen, die vor Weihnachten noch erledigt sein MÜSSEN! Natürlich möchte Frau X die neuen Vorhänge noch vor Weihnachten haben und Herr Y seine neue Soundanlage.

Ich weiß auch, warum: Nach Weihnachten geht jedes Jahr die Welt unter und dieses weltbewegende Ereignis kann nur über die Bühne gehen, wenn alles geputzt ist und die Plätzchenteller bestens gefüllt sind. – Spaß beiseite! Es ist Zeit sich zu besinnen und aus der Stressfalle

Weihnachten auszusteigen! Weihnachten ist ein so wunderbares Fest, eine so schöne Zeit, eine Zeit des Zaubers und der innigen Verbindung zwischen den Menschen, in den Familien und in der ganzen Gesellschaft.

Meine liebe Freundin und Coautorin Schwester Teresa wird in ihrem Teil dieses Kapitels über die christlich-religiöse Bedeutung der Weihnachtszeit erzählen.

Fakt ist: Wir alle freuen uns auf die Adventszeit und das besinnliche Weihnachtsfest.

Deshalb muss ich an dieser Stelle nochmal die Frage stellen: »Was läuft hier schief? Welcher Mechanismus macht aus dem Weihnachtsfest – einer heiligen Zeit – ein Fest des gehetzten Konsumterrors?«

Hier ein erster Appell als Gegenmittel: Nehmen Sie die Worte wörtlich und besinnen Sie sich in dieser besinnlichen Zeit. Dann wird die Adventszeit mit ihrem Zauber zu einem Kraftquell und zu einer Bereicherung für die Seele. Dann können Sie diese wundervolle Zeit im Kreise Ihrer Familie, mit Freunden oder auch für sich alleine wirklich genießen. Sie können den Zauber der Weihnacht auf sich wirken lassen und daraus eine große Quelle des Glücks machen und durch das Innehalten Kraft tanken für das kommende Jahr.

Nun ist die beste Zeit die Sinne zu erfreuen. Nicht zu vergessen ist der Winterschlaf, der die Natur in Ruhe und Stille versetzt. Weniger ist in der besinnlichen Weihnachtszeit mehr. Viel Schlaf und Ruhe lassen uns innerlich zur Ruhe kommen und Luft holen für das neue Jahr, das auf uns wartet.

Ist es wichtig, zehn verschiedene Sorten Weihnachtsplätzchen zu backen? Oder reichen vielleicht auch fünf Sorten?

Ist es sinnvoll dreimal die Woche eine Weihnachtsfeier oder einen Weihnachtsmarkt zu besuchen? Oder reicht ein Abend pro Woche?

Ist es sinnvoll am Heiligen Abend ein Fünfgänge-Menü zu kochen? Oder reicht ein Gericht?

Schenken 2.0

Gerade das Schenken führt zu wahren Stressorgien. Alle Jahre wieder dreht sich alles in meinem Kopf im Kreis, wenn es um die altbekannte Frage geht: »Was schenke ich Tante Frieda?« Geschirrtücher, den neuesten Schnellkochtopf, eine schicke Bluse, ein Buch? Hat sie alles schon. Sie braucht nichts!

Eine weitere Variante des Schenkens ist der Satz: »In diesem Jahr schenken wir uns nichts!« Was bleibt, ist ein schales Gefühl und die Idee, doch eine Kleinigkeit zu besorgen, damit man was in den Händen hat.

Die Lösung: »Schenken 2.0«. Moderne Menschen denken und schenken nachhaltig. Sie konsumieren bewusst nach dem Motto: »Brauche ich das wirklich?« Jede Produktion eines Gegenstandes verbraucht kostbare Ressourcen wie Wasser und Energie und natürlich Zeit zum Einkaufen für den Schenkenden. Auch der Beschenkte hat einen Gegenstand mehr im Haus, den er nicht wirklich braucht und dessen Pflege wiederum Zeit kostet.

Natürlich ist es schön, wenn man weiß, dass es Wünsche gibt, mit denen man anderen eine Freude bereiten kann. Dann gibt es gar nichts gegen das Schenken zu sagen. Wenn das Schenken jedoch nur noch eine Pflichtaufgabe ist, die abgehandelt werden muss, dann sollte man auf sinnvolle Geschenke umstellen. Hier ein paar Ideen:

- *Spendengeschenke:* Ich bin dazu übergegangen, Spenden an gemeinnützige Organisationen zu tätigen und diese dann »zu verschenken«. Ich schreibe eine schöne Karte, die ich selbst bastle, und erkläre dem Beschenkten in einem liebevollen Text, dass ich ihn mit dieser Geschenkspende zum Teil meiner persönlichen Spendenkampagne mache. Natürlich sollte sich das Spendenziel mit dem Gedankengut des Beschenkten decken. Zu dieser besonderen und sehr sinnvollen Geschenkform hat mich meine liebe Schwiegertochter Patrycja animiert. Ich habe von ihr zu meinem 60. Geburtstag eine Ziege in Afrika erhalten – in Form einer Spende für Oxfam. Das hat mich tief berührt und sehr gefreut. Gerne habe ich diese Idee aufgegriffen. Seither verschenke ich mit Vorliebe Spendengeschenke. Ich mache mir Gedanken, über welches Spendengeschenk sich der Beschenkte freuen würde. Welche gemeinnützige Organisation passt zu dessen Gedanken und Vorliebe? Die Beschenkten werden sich sehr über diese besonders liebevolle und passgenaue Geschenkidee freuen. Von Herzen danke an Patrycja, die mir mit »meiner Ziege« die Augen geöffnet hat. Ich habe viel gelernt.

- *Zeitgeschenke für meine Liebsten:* Eine andere Form, meine Liebsten liebevoll zu beschenken, sind Zeitgeschenke: Ich begleite die Beschenkten bei ihren Lieblingstätigkeiten. Im Vorfeld mache ich mir viele Gedanken, womit ich ihnen eine Freude machen kann. Ich versetze mich in die Lebenslage des Beschenkten. Was sind die Vorlieben? Danach gehe ich in die Recherche und finde meistens ganz besondere Aktivitäten, die ich dem Beschenkten im Zuge eines Zeitgeschenkes ermögliche. Das können Karten für ein besonderes Event sein, aber auch gemeinsame Ausflüge, ein Kaffeeklatsch. Wichtig ist die Zeit, meine Zeit, die ich dem Beschenkten widme, und meine Aufmerksamkeit.

- *Zeitgeschenke für mich:* Die Zeit ist eines der kostbarsten Güter, die wir haben. Wir können sie weder beeinflussen noch kaufen, weder nachholen noch verändern. Ein Tag hat 24 Stunden, das ist ein unumstößliches Gesetz. Grund genug, dass wir uns Gedanken machen, ob wir an unserem eigenen Umgang mit der Zeit etwas verändern können. Die Lösung könnten Zeitgeschenke sein. Schon durch den Begriff Geschenk wird deutlich, dass es sich bei Zeitgeschenken um etwas Wertvolles handelt. Wo liegen Ihre verdeckten Zeitfresser? Nehmen Sie sich Zeit für diese Frage! Meist liegen die Zeitfresser in Gewohnheiten verborgen, die schon lange keinen Sinn mehr ergeben. Wenn Sie die Zeitfresser gefunden haben, heißt es: Zeitfresser bewusst abstellen! Die freie Zeit können Sie nun bewusst mit einer Tätigkeit füllen, die Ihnen Freude bereitet. Schon ist Ihr persönliches Zeitgeschenk für Sie selbst fertig! So wird aus Ihrer Zeitfresser-Recherche ein kostbares Zeitgeschenk. Gerade in der Weihnachtszeit ist das von großer Bedeutung.

- *Kleine Geschenke an mich:* Kleine Geschenke erhalten die Freundschaft, deshalb ist es sehr wichtig auch einmal an sich selbst zu denken. Es gibt viele Möglichkeiten, sich mit kleinen Alltagsfreuden selbst zu verwöhnen und sozusagen der eigene Freund, die eigene Freundin zu werden. Schließlich sind unsere Tage voll von Gedanken an das Wohl der anderen. Ich sorge mich um meine Kinder, meinen Ehemann, meine Enkelkinder, meine Schwiegermutter, die schon alt ist, meine Nachbarin, die krank ist. Das ist ehrenwert und wichtig. Aber: Wo bleibe ich selbst? Mit meinen kleinen Geschenken an mich selbst zeige ich, dass ich mir wichtig bin. Das erhält mir die Kraft und Energie, mich weiterhin auch um die anderen zu kümmern. Nun ist es wichtig, die passenden Geschenkefreuden für sich selbst zu finden. Ist es eine Blume? Ist es Ihre Lieblingstorte, die Sie beim Konditor um die Ecke genießen? Ist es der Besuch im Schwimmbad, mit dem Sie sich verwöhnen, oder lieber das kleine nette Halstuch, das Sie schon lange haben wollten? Ich bin sicher, Sie werden das richtige Geschenk finden.

Sie werden sehen, mit diesen Denkimpulsen werden Sie es schaffen, viel Zeit zu haben, um das Weihnachtsfest richtig besinnlich zu genießen.

Eine große Quelle des Glücks und der Freude!

Glück ist kein Zufall, sondern das Ergebnis einer lebenslangen Strategie.

Mitten ins Herz getroffen

von Schwester Teresa Zukic

Gibt es eine schönere Zeit als die Advents- und Weihnachtszeit? Aber nur, wenn wir uns dafür auch Zeit nehmen. Danke meiner großartigen Co-Autorin für das Bewusstmachen, dass es nicht die Geschenke sind, sondern die Zeit, die wir uns nehmen und verschenken, die unser Herz neu erfüllen kann. Eine Fülle von Impulsen und Inspiration durch die Tage des Advents sind uns geschenkt. Vorbereitet durch die vier Adventssonntage gehen wir auf den Höhepunkt des Weihnachtsfests zu.

Wir feiern die heilige Barbara am 4. Dezember und begehen an ihrem Gedenktag den Brauch, einen Zweig in die Wohnung zu holen, der an Weihnachten blüht.

Den allseits beliebten heiligen Nikolaus am 6. Dezember, dessen Leben so nachahmenswert ist!

Mariä Empfängnis am 8. Dezember, das in unserem Nachbarland Österreich ein gesetzlicher Feiertag ist.

Vom Auftreten des heiligen Johannes des Täufers hören wir am zweiten Adventssonntag.

Die heilige Lucia feiern wir am 13. Dezember. Sie verließ ihren Verlobten, um ihr Leben Jesus zu widmen. Ihre Aussteuer schenkte sie den Armen. Sie soll zuvor verfolgten Christen in ihren dunklen Verstecken geholfen haben, indem sie sie mit Nahrung versorgte. Um beide Hände frei zu haben, trug Lucia einen Kranz aus Kerzen auf dem Kopf. In Schweden gehen die Menschen am Lucia-Fest einem Brauchtum nach, bei dem die älteste Tochter ebenso einen Kerzenkranz trägt und ihre schlafende Familie mit dem ersten Weihnachtsgebäck weckt. Sie starb als Märtyrerin.

Der 3. Adventssonntag heißt »Gaudete«, »freut Euch«! Statt violett, wie zu den anderen Adventssonntagen, ist die liturgische Farbe rosa. Das hellere Violett soll die die Freude zeigen, denn die Ankunft des Herrn ist nah. »Tauet, ihr Himmel, von oben, ihr Wolken regnet den Gerechten: Es öffne sich die Erde und sprosse den Heiland hervor.« Die Ankunft des Herrn ist in greifbarer Nähe.

Und der Höhepunkt am 24. und 25. Dezember ist das hochheilige Weihnachtsfest. Welche Freude. Jesus ist geboren, der Retter ist da.

Wussten Sie, dass der älteste Text des Neuen Testaments, der von Weihnachten erzählt, von Paulus aus dem Jahr 53 nach Christus stammt und schlichter nicht sein kann?

»Als aber die Zeit erfüllt war, sandte Gott seinen Sohn, geboren von einer Frau und dem Gesetz unterstellt, damit er die freikaufe, die unter dem Gesetz stehen, und damit wir die Sohnschaft erlangen.« (Galater 4,4)

Ich liebe Weihnachten und das Weihnachtsevangelium und ich könnte stundenlang vor dem »Bobbelchen« in der Krippe knien. Seit Jahrtausenden fallen Menschen vor diesem Geheimnis nieder und tun es den Hirten gleich. Im Text von Paulus finden wir jedoch nichts Idyllisches, nichts Kitschiges, nichts Emotionales. Auf den ersten Blick. Wir vermissen die in uns verinnerlichte Dramaturgie des Weihnachtsfestes. Die beschwerliche Reise von Maria und Josef nach Bethlehem. Die Menschwerdung Gottes ist für mich einfach unbegreiflich schön. Die Herbergssuche und der ärmliche Stall und das Erschrecken der Hirten über das unfassbare Licht und die frohmachende Botschaft des Engels, der den Frieden und die Geburt des Retters der ganzen Menschheit verkündet. Nichts wird berichtet von der Ankunft Gottes, wie wir es so gerne hören mögen. »Er sandte seinen Sohn, geboren von einer Frau …« Punkt.

Die Tatsache, dass Gott Mensch wurde, ist dennoch für mich unfassbar. Er wusste, wann es an der Zeit war, selbst auf dem Parkett dieser Erde zu erscheinen. Oder Er wusste keinen anderen Weg, um uns begreiflich zu machen, wie sehr Er uns nahe ist und uns liebt. Die Menschwerdung Gottes ist für mich einfach unbegreiflich schön.

Als ich noch frisch im Glauben war und mein erstes »christliches« Weihnachtsfest feierte, wollte ein junger Priester mir die Bedeutung von Weihnachten erklären. Zuerst warnte er mich vor, dass ich nicht erschrecken solle. Sein Beispiel sei krass. Ich war damals mächtig gespannt, was nun kommen würde. Dann legte er los: Ich solle mir vorstellen, ich würde als Ferkel auf die Welt kommen. In einem Schweinestall geboren werden und das Leben eines Ferkels führen, aber ich wüsste in meinem Inneren, dass ich ein Mensch wäre. Und dann meinte er, ich solle mir Christus vorstellen. Er wurde als Mensch geboren, lebte das Leben eines Menschen – und wir wissen ja, wozu Menschen alles fähig sind! –, aber ER wusste tief in sich drin, dass ER der Sohn Gottes ist. Meine Güte, trafen mich diese Gedanken ins Herz! Sie schockierten mich zuerst, aber dann fand ich diese Vorstellung faszinierend. Und es ist ja eine Tatsache! Gott ist Mensch geworden. Ich weiß gar nicht, wie viel ich schon darüber nachgedacht und gebetet habe. Vielleicht war es deshalb keine Überraschung, dass eines meiner neun selbst komponierten Musicals »Gottes Menschwerdung« heißt und 2001 Premiere hatte. Es beginnt damit, dass eine junge Frau mit einem schwarzen Regenschirm in die Kirche kommt, sich zum Gebet niederkniet und sehr betrübt wirkt. Die Mesnerin, die gerade die Blumen richtet, spricht sie an. »Du siehst aber heute genauso niedergeschlagen aus wie dein schwarzer Schirm.« »Ja«, antwortet sie. »Weißt du, ständig diese schrecklichen Nachrichten im Fernsehen. Gewalt und Terror. Und meine Kollegin im Büro hat mich ziemlich angefahren. Wieso lässt Gott das alles zu? Jetzt bin ich hier und bete und hoffe, dass es mir dann besser geht!«

Sie beginnt zu beten, fällt in einen Schlaf und träumt. Das eigentliche Musical beginnt. Die nächste Szene spielt im »Himmel«, und dementsprechend ist die Bühne dekoriert. An einem großen Tisch sitzen junge und alte Berater und Beraterinnen mit Jesus, dem Sohn Gottes. Alle in weißen Gewändern. Es wird beratschlagt, was zu tun ist. Immer neue und beunruhigende Nachrichten erreichen Gott von der Erde. Krieg und Terror, Missbrauch, Betrug, Lügen. Gott hat den Menschen die Freiheit gegeben, aber diese Gabe verwenden sie auf üble Weise. Sie denken nur an sich und die Kräfte des Verstandes benutzen sie, um möglichst viel für sich herauszuschlagen. Sie plündern die Natur, beuten ihre Mitmenschen aus, lachen über das Geschenk der Liebe. Sie benehmen sich hemmungslos, schamlos und schlimmer als die Tiere. Der Mensch droht, die Welt zu zerstören, so der Berichterstatter. »Es muss etwas geschehen, Herr! Sie missbrauchen die Freiheit. War es richtig, dem Menschen überhaupt dergleichen zu geben?« Die »himmlischen Berater« sollen Gott einen Vorschlag machen, wie Er eingreifen kann. Wie soll man die unmenschlichen Menschen menschlich machen? Der erste Berater schlägt vor, Er solle Gewalt einsetzen. Die Sünder seien auszurotten und dann sei Ruhe auf der Erde. Viele zweifeln, ob das das richtige Mittel sei, aber dann wird es probiert. Das Licht der Bühne geht aus und man sieht Soldaten vor der Bühne auf der Erde kämpfen und sich gegenseitig totschießen, was mit besonderen Lichteffekten ein bedrohliches Szenario ergibt. Kinder kommen und legen eine Rose auf die Opfer. Nun geht es auf der himmlischen Bühne weiter, mal gesungen, mal erzählt. Gewalt, so stellen die Berater fest, bringt nur mehr Gewalt hervor. Sie macht die Menschen nicht menschlich, sondern unmenschlich. Sie ist nicht das richtige Mittel, um Menschen zu verändern. Der zweite Berater schlägt daraufhin vor, man solle den Menschen zehn Gebote und 365 Gesetze und Verbote geben. Denn wenn die Menschen wüssten, was sie dürften oder nicht, würden sie besser leben. »Ordnung muss her!« Kinder und Jugendliche führen dies dem Publikum in ihrer Sprache anschaulich vor Augen. Verschiedene Musikrichtungen bis hin zum Rap unterstreichen die Wirkung. Aber das Ergebnis ist ebenso enttäuschend wie der andere Vorschlag. Nach außen halten sich viele an die Gebote, aber in ihren Herzen sind immer noch Neid und Arglist und Lüge. Auch Gesetze ändern also nur wenig. Gebote zwingen von außen, aber im Innern ist das Böse nicht überwunden. Heuchelei ist die Folge! Der dritte Berater ist überzeugt, dass eine Belohnung Abhilfe schaffen könnte. Wenn man den Menschen verspräche, dass sie irgendwann für ihre guten Taten in den Himmel kommen, hätten sie eine lebenslange Motivation und würden fortan das Richtige tun. Nun, es werden gute Dinge getan und es wird viel über das Jenseits gesprochen, aber viele halten es nicht durch, und das Gute tun sie nicht aus Einsicht und echter Liebe, sondern zuerst oder nur wegen der Belohnung. Die himmlischen Berater sehen keinen Fortschritt. In ihren Herzen ändern sich die Menschen nicht. Da meldet sich der Sohn Gottes zu Wort. »Vater, ich hätte eine Idee. Einer von uns müsste zu ihnen gehen, sie verstehen, alles fühlen, alles spüren und sie ganz tief berühren. Er müsste ihnen zeigen, was ein menschliches Leben voller Liebe und Gerechtigkeit ist und dass man ohne Gewalt leben kann, wenn man so lebt, wie du es willst.« »Aber dann dürfte Er selbst auf keinen Fall Gewalt gebrauchen«, so ein Berater, »auch dann nicht, wenn ihm selbst Gewalt angetan würde!« Der Sohn bestätigt: »Es müsste Liebe statt Gewalt herrschen. Und die Menschen müssten von den Geboten befreit werden und den Mut bekommen, nach der Stimme des Herzens zu leben. Man müsste vor allem ihre Schuld von ihnen nehmen, damit sie wieder Vertrauen zu Gott aufbauen.« Sogleich empören sich die anderen. »Ohne Gebote? Dann hätten wir wieder die alte Lage. Das wäre viel zu riskant. Sich den Menschen auszuliefern, käme einem Todesurteil gleich.« Gottes Sohn aber erwidert, man müsse das Risiko auf sich nehmen, damit die Menschen begreifen, wie groß Gottes Liebe sei, und singt:

»Wenn einer keine Angst hat und lieben kann, braucht er keine Gebote, dann ist er frei davon. Von allem Äußeren und allem Schein, denn die Liebe wird immer lebendig sein.«

Dem Sohn gelingt es, die Berater zu überzeugen, doch niemand will den Auftrag ausführen. Also fragt Gott, wer bereit wäre zu gehen. Der erste Berater winkt sofort ab. Jetzt habe er alles getan, um etwas zu werden, und nun soll er hinabsteigen und das alles aufgeben? Nein, das wolle er nicht. Der zweite lehnt kategorisch ab: »Ich kann nicht an die Liebe der Menschen glauben.«

Der dritte und alle anderen Berater weigern sich, der menschlichen Willkür ausgeliefert zu sein, man laufe doch Gefahr, totgeschlagen zu werden. Dann erhebt sich Jesus und sagt:

»Vater, mein Vater. Abba, mein Vater. Nimm mich. Ich bin der Erbe eines Reiches. Aber die Menschen sind mir wichtiger als alle Macht über sie. Liebe ist wichtiger als Macht.« Der Vater fragt nach: »Und was ist, mein Sohn, wenn sie dir nicht glauben und dich nicht erkennen oder dir etwas antun?« »Deine Wahrheit ist größer als mein Leben«, antwortet Jesus. »Sende mich, ich will zu ihnen gehen und sogar für sie sterben, damit sie dich erkennen.« Ein Engel kommt. Jesus zieht sich sein weißes Gewand aus und steht in T-Shirt und Jeans da. Der Engel nimmt ihn an die Hand und führt ihn die Treppe hinunter aus dem »Himmel« in die Kirche. Im Mittelgang schreitet Er in die Welt. Das Licht erlischt und die junge Frau, die am Anfang gebetet hat, wacht auf, strahlt plötzlich über das ganze Gesicht. Die Mesnerin beobachtet die Veränderung. Was ist passiert? Da hebt die Frau ihren Regenschirm und öffnet ihn, aber das Innere des Regenschirmes ist nicht mehr schwarz, sondern es sind ein blauer Himmel und Wolken zu sehen. »Ich habe den Himmel offen gesehen! Gott hat schon etwas getan, Er hat Seinen Sohn geschickt. Aber wir müssen uns für unseren Retter entscheiden und annehmen und selbst etwas tun«, ruft sie und lässt die Mesnerin verdutzt stehen.

Weihnachtsgedanken mal anders, um zu begreifen, warum Er gekommen ist.

Für Dich und mich. Niemand kann sich den Himmel verdienen, mögen wir noch so fromm und aufopferungsvoll leben. Wir brauchen Jesus Christus, unseren Retter. Und das ist die gute, frohmachende Nachricht des Musicals und der Weihnachtsbotschaft seit 2000 Jahren. Die einfachsten Sätze aus der Bibel, die ich von Paulus zitiert habe: »… damit er uns freikaufe!« Ja, er will uns befreien.

Wurde Ihnen als Kind auch gesagt: »Aus dir wird nie etwas!«? Das hat sich übrigens schon Albert Einstein von seinen Lehrern anhören müssen und belegt so manche Fehleinschätzung von Pädagogen, Eltern oder Verwandten. Sind Sie auch wie Jesus in einem kleinen Kaff wie Bethlehem geboren? Hatten Sie ebenfalls kein so normales Leben wie andere, mussten Sie manche Herausforderung bestehen? Jesus hatte es weiß Gott nicht einfach. Die Ehe Seiner Eltern begann mit einer Krise. Ein stinkender Stall war Sein Geburtsort. Kaum auf der Welt, war Er als Flüchtling unterwegs, später wuchs Er ohne eine Vaterfigur auf und lebte im Hotel Mama, bis ER fast 30 Jahre alt war, in einem umstrittenen Provinznest. »Kann aus Nazareth etwas Gutes kommen?«, heißt es in Johannes 1,46. Sie sind also in guter Gesellschaft. Bei Jesus war damals auch nicht alles perfekt, normal oder vorhersehbar. Wir alle haben so ein kleines Bethlehem-Syndrom, einen »Minderwertigkeitskomplex«, in uns. Wir trauen uns manchmal nicht zu glauben, dass Gott genau uns meint. Sein Ruf gilt aber nicht nur den Profichristen. Er will und braucht genau Sie!

Möge uns die Weihnachtsbotschaft dieses Jahr mitten ins Herz treffen. Er kam für Dich und mich. Halleluja

Was auch immer in Deinem Leben zerbrochen ist, komm nach Hause.
Das Haus ist alt und nicht immer einladend,
manchmal steif und unbeholfen,
aber wenn das Kind in der Krippe liegt,
wird es plötzlich so warm, zerschmilzt aller Hochmut.
Dann öffnen sich liebende Hände und trösten verletzte Herzen.
Dann weicht die Angst, weicht Versagen, alles Frömmeln verstummt.
Dann strahlt das Licht des menschenfreundlichen Gottes in alle Herzen.
Dann nimmt die Wärme jeden Schmerz, umarmt den Suchenden.
Dann ist Weihnachten, denn Du bist heimgekommen,
und das Kind lächelt und Du hörst auf zu weinen
Du wurdest schon so lange vermisst.

Teresas Dezember-Rezept

Rote-Beete-Meeretich-Mousse

ZUTATEN

- 500 g Rote Bete (ungekocht)
- Salz
- 4 TL Weißweinessig
- 2 TL Zitronensaft
- 5 TL Nussöl
- Cayennepfeffer
- 1 TL Zucker
- 9 Blätter weiße Gelatine
- 4 TL Weißwein
- 2 TL Portwein
- 1 bis 2 Scheiben Pumpernickel
- 20 g Kürbiskerne
- 6 TL frisch geriebener Meerrettich
- 150 g Crème fraîche
- 150 g saure Sahne
- 200 ml Schlagsahne
- Klarsichtfolie
- 1 Prise Liebe

Zubereitung

1. Rote Bete in Salzwasser in ca. 50 Min. garkochen.
2. Für die Marinade Weißweinessig, Zitronensaft und Nussöl mischen und mit Cayennepfeffer, Zucker und Salz verrühren und gut abschmecken.
3. Rote Bete abgießen, noch warm pellen und in grobe Stücke schneiden. Rote Bete in die Marinade geben und 20 Min. ziehen lassen.
4. 4 Blatt Gelatine in kaltem Wasser einweichen. Eine rechteckige Auflaufform mit Klarsichtfolie auslegen.
5. Rote Bete mit der Marinade mit Stabmixer fein pürieren.
6. 2 EL Portwein lauwarm erwärmen und die ausgedrückte Gelatine darin auflösen. Gelatine unter die Rote Bete mischen und in die Form gießen und mind. 2 Stunden kaltstellen, bis sie geliert ist.
7. Pumpernickel in Mixer fein zermahlen. Erst Pumpernickelbrösel in einer Pfanne ohne Fett, dann Kürbiskerne rösten, abkühlen lassen und grob hacken.
8. Für die Meerrettich-Mousse die restliche Gelatine einweichen. Meerrettich mit Crème fraîche und saurer Sahne verrühren. Restlichen Portwein lauwarm erwärmen, die ausgedrückte Gelatine darin auflösen und sofort mit einem Schneebesen unter die Meerrettichmasse rühren und kaltstellen, bis sie leicht zu gelieren beginnt.
9. Sahne steif schlagen und nach und nach vorsichtig unter die Meerrettichmasse heben.
10. Meerrettich-Mousse auf die gelierte Rote-Bete-Mousse geben und die Oberfläche glattstreichen.
11. Pumpernickelkrümel gleichmäßig auf der Meerrettich-Mousse verteilen und leicht in die Mousse drücken. Mind. 4 Stunden kaltstellen, bis die Mousse geliert ist.
12. Terrine mithilfe der Klarsichtfolie aus der Form lösen und auf einen Teller stürzen.
13. Mit restlichen Pumpernickelbröseln und Kürbiskernen bestreuen, in Stücke schneiden und servieren.
14. Mit Feldsalat anrichten.

Platz für eigene Gedanken

Die Autorinnen

Sr. Teresa Zukic
geb. 1964, ist Gründerin der »Kleinen Kommunität der Geschwister Jesu« und eine der wichtigsten spirituellen Autorinnen der Gegenwart. Sie ist eine gefragte Rednerin und Autorin von Bestsellern wie »Die Seele braucht mehr als Pflaster« (Herder 2017). Als sie 2020 an Krebs erkrankte, entschied sie sich dafür, in den Sozialen Medien offen über die Höhen und Tiefen ihrer Erkrankung zu berichten. Da sie täglich viele Menschen über die sozialen Medien ermutigt, wird sie auch liebevoll »Instasister« genannt. Das Engagement für Vereine wie die »Initiative mit Krebs leben« ist ihr ein Herzensanliegen. Im Juli 2023 wurde sie mit dem Bayerischen Verdienstorden ausgezeichnet.

Eva-Maria Popp
geb. 1958 ist eine deutschlandweit bekannte Publizistin. Ihre Beiträge als Autorin, Kolumnistin und Vortragsrednerin, die in Print- und Onlinemedien, Funk und Fernsehen erscheinen, wie z. B. bunte.de, Neue Post, Closer, IN, People, SZ , BR, ARD und ZDF uvm., motivieren ihre Leserschaft und Zuhörerinnen und Zuhörer zu einem glücklichen, zufriedenen , sinnvollen und sinnstiftendem Leben. Als Senatorin h.c. im Europäischen Wirtschaftssenat e. V. verfügt sie über ein großes Netzwerk und verbindet Wirtschaft, Gesellschaft und Soziales.

Gemälde im Buch

von Schwester Teresa Zukic

Januar: Schnee Herzbaum, Acryl auf Papier 2024

Februar: LOVE Valentin, Acryl auf Papier 2024

März: Karnevalherz, Acryl auf Papier 2024

April: Kreuz beidseitig, Der Gekreuzigte und Auferstandene, Acryl auf Holz 2022

Mai: Frühlingserwachen Herzbaum, Acryl auf Papier 2024

Juni: Liebe, Auftragsbild. Acryl auf Leinwand 2024

Juli: Sommerfreude Herzbaum, Acryl auf Papier 2024

August: Korallenfeuer, Acryl auf Papier 2024

September: Herbstleuchten Herzbaum, Acryl auf Papier

Oktober: Erntedank, Acryl auf Papier 2024

November: Blick ins Paradies, Acryl auf Leinwand 2021

Dezember: Gott wird Mensch, Acryl/Spachtel auf Papier 2024